Zdeněk Zavřel

TŘI ŽIVOTY ARCHITEKTA

Three Lives of an Architect

Obsah
Content

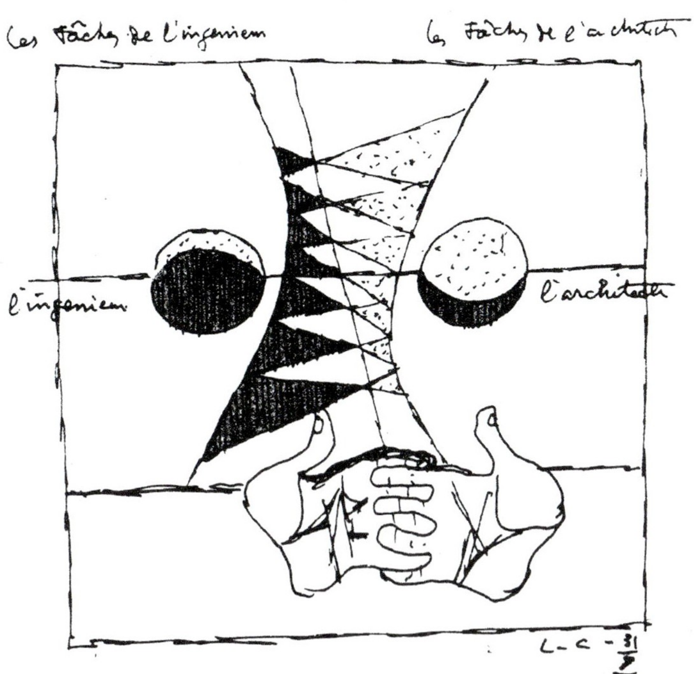

Skica Le Corbusier / Sketch by Le Corbusier

Úvodem
Introduction

Podnětů k sepsání vlastních vzpomínek bylo několik. Když mne požádal o „memoáry" můj mladší kolega z pražské Fakulty architektury, vzpomněl jsem si na setkání s pozdějším prezidentem Havlem na Hrádečku, někdy v průběhu sedmdesátých let minulého století. Václav se tehdy snažil přimět svého otce – „starého pána" – k sepsání jeho vzpomínek. Otec se zdráhal a poukazoval na svou „praktičnost" a nedostatek literární zkušenosti. Později evidentně synovu naléhání podlehl a vzpomínky vyšly knižně, jakási „literatura faktu". Se zájmem jsem si je přečetl a dozvěděl se řadu zajímavostí z předválečné Prahy a historie rodiny Havlových.
S podobným efektem jsem se setkal i při čtení vzpomínek z rodinného okolí. Pokoušel jsem se přimět i vlastní rodiče k sepsání vzpomínek na dobu minulou, ale nikdy k tomu nedošlo. Snad se necítili dostatečně schopní nebo na dobu minulou raději vzpomínat nechtěli? Zůstaly po nich dokumenty a krabice fotografií, jejichž pozadí už nikdo nevysvětlí. Považuji tedy tak trochu za svou povinnost to, co jsem zažil, zaznamenat na papíře. Samozřejmě jsem zmítán pochybnostmi o kvalitě svého textu a hlavně o smyslu svého života vůbec. Vždyť takových životů jsou milióny, o výjimečnosti nelze mluvit.

Several impulses led to the act of writing my own recollections. When I was asked for a "memoir" from a younger colleague at the Faculty of Architecture in Prague, I was reminded of a meeting I had with Václav Havel – long before he became president, at his weekend house in Hrádeček sometime during the 1970s.
Václav was then trying to convince his father, "the old gent", to write down his reminiscences. The senior Havel was reluctant, pointing out his own "practical orientation" and lack of literary experience. Later, though, he clearly gave in to his son's urgings and the memoirs were eventually published in book form. I read them with great interest and from them learned much about pre-war Prague and the history of the Havel family.
And I encountered something similar with recollections of the past within my own family circle. I tried to convince my parents to write down what they remembered from the past, but never did they do so. Perhaps they did not feel competent to write, or perhaps they preferred not to think about earlier years. All they left were documents and a box of photographs, the background of which will never be fully known. Thus, in a sense, I view it as something of my personal responsibility to set down on paper what I have experienced. Of course, I am no less wracked with doubts about the quality of this text and more generally, about the purpose of

Rozhodnutí vzpomínky sepsat je tedy motivováno mou vlastní tvrdohlavostí – svědectví o svém životě, jakkoliv zdánlivě bezvýznamném, by měl podat každý. A kterému čtenáři je to určeno? Přinejmenším vlastní rodině, pro kterou má každá vzpomínka charakter genetické informace. Ale možná i pro jiné, kteří hledají v popisu minulosti klíč k vlastním budoucím rozhodnutím.
Zbývá ještě úvaha nad způsobem psaní. V mém životě se prolíná linka soukromá s linkou „profesionální" – rozhodl jsem se tyto dvě linie oddělit, jakkoliv spolu velmi těsně souvisí. Nemám rád šťavnaté memoáry, v nichž se soukromé emoce úzce prolínají s profesními fakty. Chtěl bych, aby mé vzpomínky týkající se profese architekta měly charakter věcného záznamu. Budu se snažit, aby byly více než osobním prožitkem. Věřím, že by mohly být čteny jako záznam o vývoji naší profese v poválečné době.
Dovolím si krátce se zastavit u dvou osobností, které měly velký vliv na moje chápání architektury: Karla Hubáčka a Jacoba Berenda Bakemy. Jejich osud souvisí s mými vzpomínkami jen okrajově, ale s ohledem na mladší čtenáře jsem považoval za nutné je představit.
A proč „tři životy"?
Na rozdíl od řady svých vrstevníků jsem reagoval na vnější okolnosti odchodem z místa, kde jsem se narodil a vyrostl, do místa cizího, kterému jsem zprvu vůbec nerozuměl a které se postupně stalo mým „druhým domovem", v němž zakotvily i moje děti. A pak jsem se zase díky vnějším okolnostem vrátil do místa původního, které se ale za dobu mé nepřítomnosti radikálně změnilo. Tedy tři fáze jednoho života?

my life in general. Indeed, there are millions of such lives, here one cannot speak at all of exceptionality.
The decision to write a memoir, in short, is motivated by my own wilfulness – a witness to one's life, however insignificant it may seem, is something that all of us should provide. And who is the reader to whom it is addressed? At the very least, to my own family, for which each memory bears the character of genetic information. But possibly as well for others who can find, in the description of the past, a key to their own decisions of the future.
Still, there remains the question of how actually to write. In my life, the private strand is interwoven with the "professional one" – and I decided to keep these two parts separate, however closely they may be linked. I am no fan of the tell-all memoir where private emotions are intimately enmeshed with professional facts. My desire is that all my memories concerning my profession as an architect have the character of strict facts, and I will try hard to make them something beyond a personal view. I am convinced that this part should be read as a record of the development of architecture as a profession in the post-war period.
I should also mention that I have made brief discussions of two personalities with great importance for my understanding of architecture: Karel Hubáček and Jacob Berend Bakema. Their lives are tied to my reminiscences only tangentially, but for the sake of younger readers, I thought it necessary to offer an introduction to both.
And why "three lives"?
Unlike so many of my generation, I reacted to external circumstances through leaving behind the place where I was born and grew up for one entirely different, where at first I understood nothing yet which, over time,

Anebo tři životy, o jejichž souvislostech je možno pochybovat? Ani v tom nejsem sám, českých lidí rozsetých po světě a toulajících se tam a zpět je hodně a jejich osudy jsou si v mnohém podobné. Všichni jsou svým způsobem rozpolcení a mluví o schizofrenii v prostoru a čase. Je za tím i skryta otázka, proč jsme si vlastně zvolili danou zemi? Byla to náhoda, anebo jsme podvědomě volili zemi, která nám svým charakterem nejvíce vyhovovala?
A samozřejmě, proč tento pocit omezovat jen na vlastní krajany? Dnes, kdy je takové množství lidí na pochodu, v útěku před násilím a zmatkem, že jejich počet přesahuje hranice naší představivosti. Vícero životů se stává osudem mnoha...

became my "second homeland" and where my children set down their roots. Then, again thanks to outside circumstances, I returned to the first location, though in the term of my absence it had changed radically.
Perhaps three phases of one life? Or three lives where any connection is doubtful? Even in this situation, I am not alone; many Czechs are scattered across the globe or wandering back and forth, and their fates are in many ways similar to mine. All of us are, in some way, divided, and one can even speak of a schizophrenia in time and space. Hidden behind this is another question: why did we choose our specific country of emigration? Was it by chance or did we subconsciously select a land that best matched our personal characters?
And of course, why should this feeling be limited to one nation? Today, when there are so many people on the march, fleeing violence and chaos, the numbers are beyond all powers of comprehension. The fate of "multiple lives" has become the fate of so many people ...

PRVNÍ ŽIVOT

First Life

Skupina VČELKA před Fakultou architektury ČVUT v Praze (1964)
The VČELKA group in front of the Faculty of Architecture, Czech Technical University (ČVUT) in Prague (1964)

Učňovská léta
The Apprentice Years

Při debatách o budoucnosti škol architektury současní učitelé často argumentují vlastními (zkreslenými) vzpomínkami na své někdejší studium. A je to obecný úkaz, nestává to jen v Čechách.
Jak to tedy doopravdy bylo? Co se vrylo do paměti?
Po ukončení střední školy „jedenáctiletky" jsem ve svých necelých sedmnácti letech bez hlubších úvah zvolil studium na ČVUT, pražské technice. Studium architektury na Stavební fakultě mě přitahovalo víc než jiné fakulty, ale jakési „předurčení" pro architekturu jsem příliš nepociťoval. Když se mě na jaře roku 1960 u přijímací komise zeptal pan profesor František Čermák vážným tónem: „Co je to architektura?", dal jsem jakousi rozpačitou odpověď a netušil jsem, že odpověď na tuto otázku mě pak bude pronásledovat celý můj profesní život.
Začátkem šedesátých let skončila krátká éra samostatné FAPS, která se snažila navázat na předválečnou tradici Fakulty architektury. Byli jsme přijati jako první pokusní králíci, kteří byli nově začleněni do velké Fakulty stavební, ve které byla architektura jen podružným studijním směrem po ukončení dvouletého všeobecného úvodního stavařského studia. Vlastní studium architektury bylo tedy jen čtyřleté!

In the discussions over the future of architectural education, the current teachers frequently argue on the basis of their own, often distorted, memories of their long-past studies. And this is a general truth, not only confined to the Czech nation.
But how were things really at the time? What has remained fixed in the memory?
After completion of my secondary schooling, at an "eleven-year" general institution, I decided, just under the age of seventeen, to study at the Czech Technical University in Prague, or ČVUT in its Czech acronym. Studying architecture at the Civil Engineering faculty seemed more a more attractive option than other subjects, but I felt no "predisposition" for architecture in itself. When, in spring 1960, the distinguished professor František Čermák as part of the examining committee asked me in a serious voice:
"What is architecture?", I could only give a vague embarrassed answer. Little did I know that the answer to this question would go on to haunt me throughout my entire professional life.
The start of the 1960s meant the end of the brief era of the independent "Faculty of Architecture and Construction" (in brief FAPS), which aimed to revive the tradition of the pre-war Faculty of Architecture. Our entering class was selected as the first guinea pigs to be integrated into the

Pro tehdejší atmosféru na škole bylo typické „kolektivní řešení" studentských prohřešků, v daném případě prvomájových protestů na konci prvního ročníku. Řada studentů se v roce 1961 zúčastnila nepovoleného shromáždění u Máchovy sochy na Petříně a poté byli přistiženi při stahování kladek tramvají ve městě. Na schůzi ve velké posluchárně v Trojanově ulici jsme byli donuceni jejich vystoupení odsoudit a hlasovat o jejich vyloučení ze školy, přičemž Tomáš Fragner, syn architekta Jaroslava Fragnera, byl označen za hlavního výtržníka.
Sám se hájit nemohl. Myslím, že i já jsem zvedl ruku pro vyloučení, aniž jsem o jeho přestupku něco konkrétního věděl.
První dva roky společného studia s mnoha dalšími stavebními obory byly plny technických předmětů – fyziky materiálů, geologie, geodezie, statiky a podobně – ale mě učení bavilo a zkouškami jsem procházel bez větších problémů.
Navíc bylo naše studium prošpikováno několika intenzivními „stážemi" na stavbách, které nás zřejmě měly sblížit s dělnickou třídou. Vzhledem k tomu, že na stavbách pobývali i různí potrestaní intelektuálové, dozvěděli jsme se ledacos z opačné strany oficiální ideologie. Vzpomínám si kupříkladu na praxi rekonstrukce Pražských ledáren v Braníku, kde jsme diskutovali v maringotce u piva s bývalým profesorem anglické literatury o filozofii a některých Shakespearových dramatech.
Praktická činnost měla ale svou pozitivní stránku; naučil jsem se nejen betonovat podlahy, ale i přesně ustavit zárubeň a natáhnout omítku jak na stěnu, tak i na strop – později se tyto

expanded Faculty of Civil Engineering, where architecture was merely a subordinate study track following a two-year introductory module of general construction studies. As for the actual study of architecture, it was then only four years in length!
Indicative of the atmosphere that prevailed at the university in these years was the practice of "collective resolution" of student misdemeanours, in the given case that of the May 1st protests at the end of our first year. In 1961, many students joined the illegal gathering by the statue of poet Karel Hynek Mácha in Petřín Park and were later caught removing the wooden ties from tram-tracks elsewhere in the city. At a mandatory meeting in the large lecture hall in the Trojanova building, we were forced to condemn their actions and vote on their expulsion from studies; Tomáš Fragner, the son of the renowned pre-war architect Jaroslav Fragner, was indicated as the chief culprit.
He had no chance to defend himself. I even think that I raised my hand for expulsion without knowing anything specific about his infraction.
The first two years of mandatory studies, shared with many other areas of construction, were full of technical subjects – material physics, geology, surveying, structural calculations and the like – yet I found the subject matter interesting and completed the exams without great problems.
Moreover, our classroom hours were interlarded with several intensive "practical internships" on construction sites, evidently planned to bring us close to the working class. Yet since in these years the building trades gave employment to a wide range of politically persecuted intellectuals, we had occasion to learn something from the

znalosti samozřejmě hodily.
Před koncem druhého ročníku pak proběhlo třídění do dalších studijních směrů. To už jsem jasně věděl, že nechci být „pozemákem", ale „architektem". Pro přijetí do preferovaného směru architektura (asi šedesáti studentů) bylo zapotřebí nejen mít slušné známky z předmětů, ale i doporučení svazácké organizace, ve které jsem se nijak neangažoval. Aktivní svazáci měli přednost. Nepovedlo se tedy napoprvé, teprve po jakýchsi odvoláních. Mezi těmi, kteří byli přijati teprve po odvolání, byli i dva z mých nejlepších přátel: Eduard Schleger a Václav Šebek. Výběr mezi „vyvolené" nám samozřejmě dodával na sebevědomí.
Náhoda chtěla, že studium architektury jsem začínal v ateliéru profesora Čermáka, obklopeného jeho asistenty. Patřil k těm nejoblíbenějším učitelům, vždyť přes ulici se stavěly nové fakulty ČVUT podle jeho návrhu a jeden z jeho asistentů Jan Čejka právě vyhrál soutěž na kampus Vysoké školy zemědělské v Suchdole. Nicméně konzultace našich prvních projektů byly dosti nudné, pan profesor se rád zaměřoval především na velikost záchodů, o nějakém architektonickém konceptu nepadlo ani slovo. Ale první moudrost: „Jsou-li dobře navrženy záchody, pak musí být i celý návrh v pořádku", jsem si odnesl do života natrvalo. Asistent Čejka byl tím prvním, kdo se v nás snažil za pomoci role skicáku probudit zvědavost nad nečekanými možnostmi navrhování. Ukazoval nám také vlastní kreslené analýzy publikovaných projektů, jakousi databázi na malých ručně malovaných kartičkách, svéráznou metodu záznamu typologie různých druhů staveb.
Přeměna naivního středoškoláka

opposite side of the official ideology. One memory is of a training exercise during the reconstruction of the Prague municipal ice-house in Braník, where a former professor of English literature discussed with us, over beer in a construction trailer, philosophy and the plays of Shakespeare.
And even the practical activity had its positive side: I learned not only how to concrete a floor but how to install a doorframe precisely or to paint walls and even ceilings – which in later life came as a singular advantage.
Before the end of the second year, they made the selection for the next field of study. By then I was well aware that I didn't want to be a "constructor" but an "architect". But to be taken into the more popular architecture program (around sixty students per year), I needed not only to have good grades in the courses but also a recommendation from the university branch of the Socialist Youth Association, where I had been anything but active. And active "Socialist Youth" had preference. So I didn't make it the first time, but only after I made an appeal. Among those accepted right after the appeal were two of my best friends:
Eduard Schleger and Václav Šebek. Being among the "chosen" understandably bolstered our self-confidence.
As chance would have it, I began my architecture studies in the atelier of Professor Čermák, surrounded by his assistants. He was one of the most sought-after teachers, bearing in mind that right across the street construction was beginning on the new ČVUT building he designed, while one of his assistants, Jan Čejka, had just won the competition for the campus of the University of Agriculture in Suchdol. However, the consultation for our first design projects was surprisingly boring: our professor liked

v sebevědomého budoucího architekta netrvala dlouho. Už během dalšího ročníku jsme se spolčili v malou skupinku dlouhovlasých fanatiků říkajících si VČELKA – Vlado Milunič, Přemysl Hnát, Eda Schleger a já – nesporně vnějškově inspirovanou skupinou The Beatles. Naše projekty se vyznačovaly především pečlivým rýsováním [tradičními péry] a provokativními grafickými nápady. Zejména Vlado se stával terčem útoků některých kantorů, kteří se právě zbavovali dogmat socialistického realismu a s výraznou odlišností jugoslávského modernisty si nevěděli rady. Jeho zjednodušené abstraktní perspektivy ho přivedly bezmála k vyloučení ze školy.
Postup odlišnými měřítky projektů nás společně přivedl na Katedru průmyslových staveb, která se pod tlakem reálných úkolů už nejvíce vzdálila „sorele" a snažila se nás přivést k racionálnímu rozboru úlohy a neokázalému jednoduchému návrhu. Pánům profesorům Štěpánkovi a Kovaříkovi naše dlouhé vlasy nevadily, byli velkorysí a jejich asistent Emil Hlaváček nám svým gentlemanským chováním imponoval. Jen před dalším asistentem Horčičkou, stranickým kádrem, se všichni třásli a měnili rychle téma rozhovoru, pokud se přibližoval.
Charakteristická příhoda: před zahájením projektu na dlouhé chodbě budovy v Zikově ulici si nás pan profesor Štěpánek pozval k sobě do místnosti, napřed se třikrát ohlédl a pečlivě zkontroloval, zda jsou dveře zavřené. Pak začal vyprávět o své předválečné návštěvě Ameriky, o tom, jak ve třicátých letech navštívil architektonickou kancelář bratří Kahnů v Chicagu. Oči se mu rozzářily a vyprávěl, jak tři bratři rozdílných

to focus primarily on the size of the toilets and never let fall a single word about the architectonic concept. But it was the first wisdom: "if the toilets are well designed, then the entire design must be good", a credo I've taken to heart through my life. The assistant Čejka was the first to try, through the aid of the sketchbook, to awaken our curiosity toward the endless possibilities of design. He showed us his own sketch-analyses of published projects, a kind of preliminary database on small hand-painted cards – an unusual method of registering the typology of various building genres.
Transforming the naïve teenager into a self-confident future architect did not take long. Already by the second year, I had joined a small group of long-haired fanatics who called themselves 'The Bees' [VČELKA] – Vlado Milunič, Přemysl Hnát, Eda Schleger and myself – indisputably styled, as far as appearances went, after The Beatles. Our design projects were marked primarily by careful sketching [with traditional pen-and-ink] and provocative graphic inventions.
In particular, Vlado became the target for the invective of certain pedagogues only then emerging from the dogmas of Socialist Realism, who were at a loss when confronted with the sharp difference of his Yugoslav Modernism. His simplified abstract perspectives nearl led to his expulsion from the school.
The route through various project scales also brought all of us to the Department of Industrial Building Design, which under the pressure of practical assignments had moved the furthest away from Socialist Realism and worked to guide us to the rational analysis of tasks and unostentatious, simple design. Professors Štěpánek and Kovařík did not mind our long hair; they were generous and their assistant Emil Hlaváček impressed us

talentů seděli v jedné kanceláři, předávali si skici a společně se dohadovali nad estetikou, statikou a financemi projektu. Tak vznikaly projekty velkých komplexů, tak bychom se měli naučit o projektech přemýšlet. Pak ale vrzly dveře, pan profesor raději svůj výklad přerušil a bavil se o každodenních banalitách.
Snažili jsme se ve svých diplomních projektech, ovlivněných projekty britského Archigramu, myšlenky pana profesora respektovat. Informace pronikající železnou oponou ve formě několika zahraničních časopisů nás ale lákaly nejvíc. Naštěstí Technická knihovna v Klementinu pár těch časopisů dostávala. Pokud si dobře vzpomínám v jednom čísle *Bauen & Wohnen* jsem našel zajímavý článek jakéhosi J. B. Bakemy, který se pozastavoval nad bezduchostí aplikace principů CIAMu a nešetřil nikoho. Psal o monotónních panelácích v sídlištích rozprostírajících se od Rotterdamu až po Varšavu, agresivní tón článku mi byl sympatický a netušil jsem, že se s tímto jménem brzy setkám znovu. V té době začínaly sice vycházet vzpomínky předválečné generace [Karel Honzík], ale kupříkladu knížky Karla Teigeho nebyly ještě k zapůjčení ani v Univerzitní knihovně. Studium architektury, které jsme absolvovali, bylo ještě v rukou šampionů mizící „sorely" [Štursa, Janů & spol.], poctivých, ale opatrných pracantů [Dostál, Kovařík, Krise], několika ukrytých předválečných funkcionalistů [Kittrich] a nastupujících nových autorit [Cubr]. Tak různorodá parta se nebyla schopna dohodnout na jiné strategii výuky než ověřené řemeslné tradici ČVUT, založené na typologických druzích a nekonečném počtu technických a historických

with his gentlemanly manners. It was only the other assistant, Horčička, a devoted Communist, before whom everyone shook in fear and always changed the subject of conversation as soon as he came near. One telling instance: before starting a project in the long corridor of the building in Zikova ulice, Professor Štěpánek summoned us into the classroom, looked around him three times and carefully checked to see that the door was closed. Then he began to tell us about his pre-war travels to America, including his visit in the 1930s to the architectural studio of the Kahn brothers in Chicago. His eyes shone with enthusiasm as he related how the three brothers, each with their own talents, sat in a single office, handed each other their sketches, and together agreed on the aesthetics, engineering, and financing of the project. In this way, they produced their designs of large complexes, and we should similarly learn how to think about our own. Then the door handle began to turn – and our professor suddenly stopped his explanation and shifted to chatting about everyday banalities.
In our diploma projects, influenced by the designs of British Archigram, we tried to respect the ideas of our professor. But more attractive for us was the information that managed to trickle through the Iron Curtain by means of certain international journals. Fortunately, the National Technical Library in the Clementinum subscribed to a few of these periodicals. If I remember rightly, it was in an issue of *Bauen & Wohnen* that I came across an interesting article by one J. B. Bakema, complaining about the mindless application of the principles of CIAM and not sparing any of the offenders. Attacking the monotonous tower-blocks running all the way from Rotterdam to Warsaw, his article had an aggressive edge

předmětů. Vedle toho se pracovalo na ateliérových projektech, mechanicky se zvětšujících od malého k velkému měřítku. Výuka směřující především k řemeslné zručnosti vévodila té nádherné disciplíně – architektuře! Ale pokud se mluvilo o skutečné architektuře a jejím poslání, pak hlavně v minulém čase. V deformované době nebylo možno očekávat nedeformovanou architekturu.

that I liked; little could I know that I would soon encounter this name once more.
Also at this time, there began to appear memoirs by Czech architects of the prewar generation (Karel Honzík), but the books of certain individuals – for instance Karel Teige – weren't even available for circulation in the Charles University library.
The architectural studies that we completed then still lay under the guidance of the champions of retreating Socialist Realism (Štursa, Janů & co.), honest but careful workmen (Dostál, Kovařík, Krise), a scant few hidden pre-war Functionalists (Kittrich) and the rising new authorities (Cubr). Such an intellectually dispersed group was unable to agree on any other teaching strategy than the tried-and-true craft tradition of the ČVUT, founded in typological categories and an endless series of technical and historical courses. In addition, there was the work on atelier projects, mechanically expanding from small to large scale.
Teaching focused mostly on technical skill governed the splendid discipline of architecture. But if one were to have spoken of real architecture and its message, it would mostly have been in the past tense. A deformed era could not expect to bring forth undeformed architecture.

Do světa!
Out into the World!

Zahraniční stáže a studium na cizích školách, které dnes nabízejí programy Evropské unie (ERASMUS a další), byly tehdy nedosažitelným luxusním snem. Ale je druhá polovina let šedesátých a roztávání tuhého komunismu nás všechny zasahuje. Začíná léto roku 1966 a těsně před ukončením školy vyjíždíme na výměnný zájezd do TU Darmstadt a dostáváme příležitost projet křížem krážem celé Západní Německo. Od secesního Darmstadtu přes Porůří až do rekonstruovaného Hamburgu a pak zpátky do Mnichova. Je teprve dvacet let po válce, ale její jizvy už zmizely díky ohromnému „hospodářskému zázraku". Navštěvujeme nové projekty tehdejších hvězd (Alvar Aalto, Gottfried Böhm, J. B. Bakema a další) ve velkých městech a srovnáváme je s naší domácí situací padajících střešních říms a se šedivými panelákovými sídlišti. Ale co je nejdůležitější: poznáváme naše vrstevníky z opačné strany hranice a dostáváme se s nimi do každodenního styku. Jsou úplně normální, mají obdobné starosti, mají o nás zájem a také fandí Beatles. Ale na cestě zpátky si znovu uvědomujeme, že je mezi námi železná opona.
Někteří spolužáci s námi do Německa nesměli odjet.
Naštěstí se objevila možnost zahraniční praxe prostřednictvím tehdy

The international fellowships and academic exchanges now commonly offered by European Union programs (ERASMUS and others) would have then seemed an impossibly luxurious dream. But the time was already the late 1960s and the softening of the most rigid Communism affected all of us. By the start of the summer of 1966, shortly before our graduation, we set off on an exchange visit to the Technical University of Darmstadt and with it the chance to go wandering throughout the expanse of (then) West Germany – from the art-nouveau beauty of Darmstadt through the Ruhr Valley up to rebuilt Hamburg and then back via Munich. Just two decades after the end of the war, all its scars had already vanished thanks to the impressive German economic miracle. We toured the new projects of the era's greatest stars (Alvar Aalto, Gottfried Böhm, J. B. Bakema and others) in the major cities, comparing them to our domestic situation of decrepit historic structures or monotonous prefab housing estates. But most importantly: we became acquainted with our contemporaries on the opposite side of the border and lived alongside them in everyday contact. Completely normal people, with similar hopes and worries, taking an interest in us and also enjoying the Beatles. But on the way back we were made aware once more that between us lay the Iron Curtain.

neznámé organizace IAESTE. Můj přítel František Sedláček, který si našel vlastní škvíru v železné oponě a stal se „prezidentem" české odbočky, disponoval průkazy na stáže v západní Evropě. Hned po příjezdu z Německa ho jdu poprosit o pomoc; rád bych pokračoval v poznávání architektury na opačné strany hranice a znovu se setkal s německými vrstevníky. Bohužel je pozdě, zbývá jen několik neatraktivních destinací. Beru tedy alespoň místo na praxi zeměměřiče v Nizozemsku.
Role náhody v celém životě? Průkaz zní na místo Dronten ve vznikajícím poldru u firmy Zuiderzeewerken na dobu šesti týdnů. Přijíždím vlakem do Amsterdamu, připadám si jako Gulliver v trpasličím světě. Drobně členěné stavby, spousta barev, detaily, hustota. A voda, voda všude, ve městě, v krajině, v různých úrovních. Pokračuji přes Zwolle do malebného městečka Kampen a pak už do prázdnoty nového poldru. Pár nových silnic, samý písek a rákosí. A vítr. Stále vanoucí vítr. Nová obec Dronten není víc než tři ulice, prázdné náměstí a několik stavebních bud, které patří mojí firmě.
Pro zahraniční studenty byly organizovány zajímavé exkurze, jedna z nich nás měla seznámit se stavbou nového poldru. Na začátku bylo třeba připravit v mělkém moři obvodové hráze a pak vybudovat obrovské pumpovací stanice. Když byly hráze připraveny, začalo vysušování. V době naší návštěvy pracovali na přípravě hrází zcela tradiční metodou. Těleso hráze bylo vytvořeno přečerpaným pískem ze dna a potom mnoha dalšími vrstvami zpevňováno. Jednu z nezbytných vrstev tvořila ručně pletená rohož z rákosí. Klečelo tam na kolenou asi deset mužských v dřevácích

Some of our fellow students were not allowed to travel with us to Germany. Fortunately, a second possibility of working abroad turned up, in this case through the then-unknown organisation IAESTE. My friend František Sedláček, who found his own crack through the Iron Curtain through becoming "president" of the Czech chapter, had several passes for internships in Western Europe. Immediately upon my return from Germany, I went to him asking for help: I wanted so much to continue my acquaintance with architecture across the border and meet once again with German students. Unfortunately, I was too late: all that remained were the last, least attractive destinations. And so I could at least take a position as a surveyor in the Netherlands.
What role does chance have in our entire lives? The placement was assigned to somewhere called Dronten in the newly created polder, six weeks with the company Zuiderzeewerken. I arrived by train in Amsterdam, feeling like Gulliver in Lilliput: small well-articulated buildings, bright colours, details, density. And water, water everywhere – in the city, in the landscape, at various levels. The journey continued through Zwolle to the picturesque small town of Kampen and then right into the emptiness of the new polder. Only a few new roads, otherwise nothing but sand and reeds. And wind. An ever-blowing wind. The new town of Dronten was nothing more than three streets, an empty square, and a few construction huts belonging to the firm where I would be working.
Interesting trips were set up for the foreign students, one of them including a view of the construction of the new polder. At the start, an outer dike had to be prepared in the shallow seabed, then enormous pumping stations were erected. When the dikes were

a pletli rohož: měli upleteno čtyřicet kilometrů a čekalo je ještě dalších šedesát... Ta bobří vůle a vytrvalost. To je zřejmě holandská nátura!
Pár guldenů, které vydělám, mi potom vystačí na dalších šest týdnů, po které mi platí vízum a dovolí mi největší dobrodružství mých učňovských let, totiž projet křížem krážem Holandsko, Flandry a skončit v Paříži. Dojmy posledních několika měsíců mě vyprovokují k pokusu domluvit si skutečnou architektskou stáž na delší dobu, na konci roku 1966 se zdá téměř všechno možné! Cestuji stopem celým Nizozemskem – od Bredy až po Groningen – a objevuji v rozzářeném zářijovém počasí krásy téhle bizarní zemičky. Skicuji na chodníku, kreslím pokřivené věžičky neskutečných radnic a kostelů, navštěvuji muzea a moderní projekty. Dostávám se do světoznámé vily Gerrita Rietvelda v Utrechtu, podaří se mi být domem proveden křehkou paní Schröder, jak teprve mnohem později z literatury zjišťuji, spoluautorkou a partnerkou nedávno zemřelého mistra.
Jsem očarován novou studentskou kolejí Hermana Hertzbergera na Weesperstraat v Amsterdamu a nestydím se zazvonit ve třetím patře, abych tam požádal o nocleh. Seznamuji se zde s Rolfem Hartzuikerem a Jellem Hooglandem, dvěma zvídavými studenty, od kterých se ledacos dozvídám o dění v Amsterdamu. Sympatické hnutí PROVO je na svém vrcholu. Podívám se i do Hertzbergerovy kanceláře, ale jeho projekty sestávající z drobných kostiček jsou mi poněkud nesrozumitelné. Zjišťuji, že počátek holandského strukturalismu je třeba hledat u Aldo van Eycka a neváhám ho osobně navštívit v jeho domě v nádherném Loenen aan

finished, the drying began. At the time of our visit, the construction of the dikes followed the old traditional method. The bulk of the rampart was created from sand scraped from the seabed, and then reinforced with many other layers. One of the essential layers was a handwoven skein of reeds. Around ten men in clogs were kneeling there and weaving the skein: forty kilometres of reeds woven and another sixty to go... Such beaver-like will and endurance. This must be from the Dutch character!
The few guldens that I earned then sufficed me for the next six weeks left on my visa, allowing for the greatest adventure of my apprentice years – making my way gradually through Holland, Flanders and ending up in Paris. The impressions of the final few months urged me to try to arrange a genuine architectural internship for a longer period; at the end of 1966, nearly anything seemed possible! I hitchhiked straight across the Netherlands from Breda to Groningen – and in the radiant September weather encountered the beauties of this bizarre enchanting little country. Sketching on the sidewalk, capturing the twisted turrets of the unbelievable town halls and churches, visiting museums and modern projects.
I made my way to the world-famed villa of Gerrit Rietveld in Utrecht, where I had the fortune to be given a tour of the house by the frail Mrs. Schröder; only later did I learn that she had been the co-author and life partner of the recently deceased master.
I was enchanted by Hertzberger's new student dormitory in the Weesperstraat in Amsterdam, enough that I did not hesitate to ring up to the third floor to ask for a place for the night. There, I met Rolf Hartzuiker and Jelle Hoogland, two eager students who conveyed to me something of the ferment in Amsterdam. The PROVO movement was

de Vecht. Je mi třiadvacet, přijíždím s báglem na zádech. Jemu něco přes padesát a je světoznámou veličinou. Přesto mě přijme bez dlouhého úvodu a vypráví mi o své práci a cestách do Afriky celé odpoledne. Dostaneme se i k osudu Jaromíra Krejcara, jediného Čecha, kterého ještě potkal v poválečném Londýně. Vyprávím mu o své návštěvě jeho pavilonu Sonsbeek v Arnhemu, kde právě otevřeli kuriózní výstavu současných sochařů. Dává mi doporučení podívat se na jeho amsterdamský „weeshuis" (sirotčinec), který je jeho nejinternějším projektem. Hned následující den se tam vypravuji, smím si ho díky mistrovu doporučení celý projít a jsem u vytržení. Není to o řemesle, ale o životní filozofii. Struktura domu je odrazem náhradní rodiny pro sirotky. Klastry desetičlenných „rodin" tvoří souvislý, ale přehledný koberec. Myšlenka intimního společenství jako podklad pro architektonické řešení. Bezprecedentní typologie.

Van Eyck má se svou ženou jen malou kancelář a stážisty bohužel nebere. Začínám být posedlý touhou tuhle zemi blíže poznat a zjišťuji, že reálnou šancí je sehnat stáž ve velké kanceláři. A místem, kde jich je hodně, je Rotterdam, protože to je město, kde se dvacet let po zničujícím bombardování neuvěřitelně staví. Navíc město, které se výrazně svým měřítkem liší od ostatních nizozemských měst. Město bez sentimentu, rušný přístav pronikající do samého centra.

Díky svým novým německým přátelům dostávám kontakt na jejich kolegu, který pracuje na městském urbanismu. Ten mě seznamuje se starší dámou, paní Swankhuizen, podivuhodně krásnou a optimistickou šedesátnicí, která

then at its culmination. I also had the chance to look in at Hertzberger's offices, but his projects composed of tiny cubes seemed to me somewhat incomprehensible

As I learned, the origin of Dutch structuralism had to be sought with Aldo van Eyck, which is why I was not afraid to visit him personally at his house in a splendid Loenen aan de Vecht. I was twenty-three, showing up with a pack on my back; he was over fifty and already a world-renowned personality. Yet all the same, he received me without any long introduction and spoke all morning about his work and his journeys to Africa. He also brought up the fate of Jaromír Krejcar, the only Czech he had met before me, whom he had known in post-war London. I told him of my visit to his Sonsbeek pavilion in Arnhem, where a strange exhibition of contemporary sculpture had just opened. In turn, he recommended that I should have a look at his "weeshuis" (orphanage) in Amsterdam, which he said was his most intimate project. Immediately the next day, I set off, thanks to the architect's recommendation I could walk through the whole thing and was enchanted. Not a craft, but a life-philosophy. The structure of the building is a reflection of the replacement family for the orphans. Clusters of ten-child "families" form a coherent yet legible carpet. The idea of intimate association as the basis for architectural designing. An unprecedented typology.

Van Eyck operated only a small office with his wife and unfortunately hired no interns. I was starting to become obsessed with a desire to know more of this country and realised that I had a realistic chance of arranging an internship in a large studio. And the place where there are many positions is Rotterdam, because twenty years after devastating bombardment this city is full of an unbelievable amount of construction. And

se mě ujme a vysvětluje mi celou moderní historii města. S úžasným zaujetím mě seznámí s půdorysem města a na něj mi nakreslí všechny projekty, které určitě musím vidět, abych pochopil. Tím nejdůležitějším je nedávno realizovaný projekt Lijnbaan, obchodní ulice v centru. Projekt, který už jsem dříve zahlédl v nějakém časopise. Čistá architektura na velmi jednoduchém lineárním principu, s možností velké flexibility. Autorem projektu je kancelář Van den Broek en Bakema. A ta – respektive architekt Jaap Bakema, o němž všichni mluví s velkým respektem – se stává mým dalším cílem. Paní Swankhuizen se zná osobně s mladým izraelským architektem Alexem Eidelmanem, který v kanceláři pracuje a mohl by mi pomoci. Ten však nemá velkou chuť mě doporučovat, baví se se mnou rusky, ale po mém naléhání mi prozradí časový rozvrh svého šéfa.
Každý pátek je architekt Bakema celý den na TU Delft, kam se okamžitě vypravím. Najdu ho ještě ve staré budově na kanále Oude Delft. Nechá mě, abych mu vysvětlil, co tu dělám. Je zvyklý na mezinárodní společnost, má v kanceláři jakési soutěžní oddělení, kde pracují především cizinci. Českého studenta ještě nepotkal, vzpomíná na Čechy, které znal ještě ze CIAMu. Pak se mě profesor přímo zeptá: „Z čeho žiješ, nepotřebuješ peníze?" Zřejmě už vypadám po několika týdnech stopování trochu zanedbaně, přesto hrdě odmítám. Výsledek návštěvy je ale úžasný, odcházím s dopisem v kapse, který mně slibuje napřesrok možnost nastoupit na stáž v Rotterdamu, pokud to hospodářská situace dovolí. Kde je vůle, tam je cesta! Tím moje první

similarly, it is a city differing strikingly from other Dutch cities in its scale: a city without sentiment, a busy port reaching right into the urban centre.
Through my new German friends, I received a contact for one colleague then working in the city planning agency. He, in turn, introduced me to an older lady, Mrs. Swankhuizen, a captivatingly beautiful and optimistic woman of sixty, who turned her attention to me and explained the entire modern history of the city. With great enthusiasm, she showed me the street plan and on it sketched out all the projects that I had to see to understand it. Most important was the recently completed Lijnbaan, a commercial street in the centre – and a design I had viewed previously in an architectural journal. Pure architecture using a highly simplified linear principle, with the possibility of great flexibility. The author was the studio Van den Broek en Bakema. And this – or to be precise, architect Jaap Bakema, whose name was uttered by everyone with enormous respect – became my next goal. Mrs. Swankhuizen herself knew a young Israeli architect, Alex Eidelman, who was working in the studio and could be of assistance. He, though, had little desire to recommend me and spoke to me only in Russian, but after I insisted was able to tell me the daily schedule of his boss.
Every Friday, Bakema spent the entire day at the Technical University of Delft, which is where I immediately headed. I managed to find him in the old university building on the Oude Delft canal. He allowed me to explain to him what I was doing. He was well accustomed to international contacts, and his studio had a kind of competition department primarily made up of foreign architects. He had never before met a Czech student, but he recalled the Czech architects

západoevropská eskapáda de facto končí. Odjíždím ještě s posledními guldeny v kapse stopem do Paříže, kde strávím pár dnů u Vlada Miluniče, kterému se díky jeho jugoslávskému pasu podařilo už dříve získat stáž v pařížské kanceláři.
Všichni toužíme po přímém kontaktu se západním světem.

he had known through CIAM. Then he asked me directly: "What are you living off of – do you need money?" Evidently three weeks of hitchhiking had left me somewhat dishevelled, yet I proudly turned down his offer. Yet the outcome of the visit was amazing: I left with a letter in my pocket that promised me, within a year, the possibility of starting an internship in Rotterdam, as long as the economic situation allowed.
Where there's a will, there's a way! At this point, my first Western European adventure essentially was over. With my very last guldens, I hitchhiked all the way to Paris, where I spent a few days with Vlado Milunič, who thanks to his Yugoslav passport had been able even earlier to gain an internship in a Parisian studio.
Every one of us yearned for direct contact with the Western world.

1

2

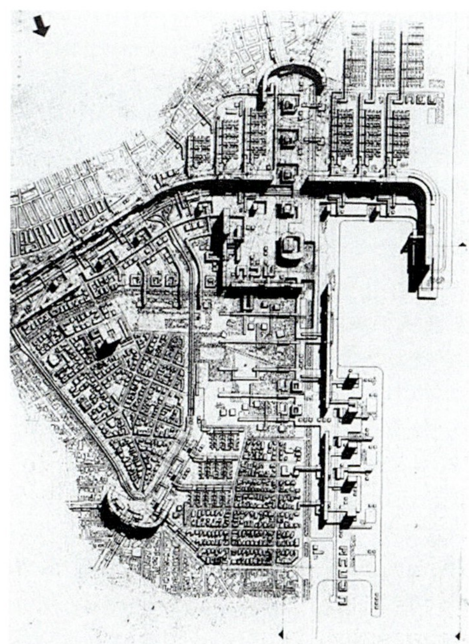

3

1 Bakemova skica vztahu prvků urbanismu
A sketch by Bakema showing the relationship of elements in urban design
2 Typický výklad JBB
A typical presentation by JBB
3 Plán přestavby města Ašdod v Izraeli
Plan for urban renewal of Ashdod, Israel

Zpátky na zem
Back to Earth

Letní dobrodružství mi dalo křídla. Sny se dají splnit. Realita je ale šedivější.
O reálné situaci v českých architektonických kancelářích jsme se toho ve škole moc nedozvěděli. Období velkých státních kanceláří – Stavoprojektů, specializovaných Spojprojektů, Chemoprojektů a dalších – pozvolna končilo.
V Praze se nově ustanovilo Sdružení projektových ateliérů, ve kterém se pět tehdejších prominentů sdružilo v novém společenství mimo dosavadní zkostnatělou strukturu. Všech pět si dokázalo sehnat slušné státní zakázky a sestavují nové týmy. Vedoucí kanceláří měli spojení se školou; „lovili" mezi aktivními studenty. Byl jsem pozván k pohovoru u Karla Filsaka, který stavěl na Starém Městě v Praze hotel Intercontinental, ale nakonec jsem skončil v Ateliéru Delta u architekta Jiřího Klena. Na rozdíl od ostatních čtyř ateliérů, které měly specifické exkluzivní zakázky (obchodní dům, parlament, mezinárodní hotel, ambasády), byl jeho ateliér zaměřen na urbanistické plány, bytová sídliště a vybavenost. Řada kolegů ze školy začala pracovat v jiných ateliérech, ledacos jsme si o svých šéfech pověděli. Teprve během roku jsem se více dozvěděl o minulosti Jiřího Klena. Jeho role při čistkách v architektonické komunitě v padesátých letech nebyla nikdy plně vyslovena. Internet tehdy neexistoval.

The summer adventure gave me wings. Dreams could be fulfilled. But reality was less enticing.
The actual situation in Czech architectural studios was not conveyed to us much during our studies. But the era of the massive state institutes Stavoprojekt, the technically specialised Spojprojekt, Chemoprojekt and others – was slowly ending.
In Prague, a new configuration was set up, the "Association of Design Studios", in which five of the era's favoured practitioners came together outside of the previous rigid structures. All five architects were able to win prominent state commissions and select new teams. The office heads had connections to the faculty, where they "poached" the most active students. I was invited for an interview with Karel Filsak, then working on the Hotel Intercontinental in Prague's Old Town, but in the end, I wound up in Ateliér Delta under architect Jiří Klen. Unlike the other four ateliers, which had their assigned and exclusive commissions (department stores, Parliament, international hotels), his studio focused on urban plans, mostly outlying housing estates and their facilities. Many of my former classmates had started work at the other ateliers, and often had something to say about their bosses. It was only during the year that I learned more about the past of Jiří Klen. His significant role during the Communist purges of the

Po návratu z Nizozemska, někdy začátkem listopadu šestašedesátého roku, jsem nastoupil do kanceláře v Žitné ulici, v opuštěném vinohradském činžáku. Byl jsem přiřazen do skupiny architekta Milana Hona, ostříleného čtyřicátníka, který se právě vrátil ze studijního pobytu v Západním Berlíně. Řešili jsme plán Holešovic, plán, na kterém si dodneška vylámalo zuby bezpočet architektonických kanceláří. Zjistil jsem, co všechno ze školy neumím. Kreslit ruční perspektivy mi šlo rozhodně líp než řešit složitou holešovickou dopravu. V sousedních kancelářích se připravoval plán sídliště Bohnice, Klenova skupina se zúčastnila soutěže na Jižní Město. Pracovali jsme na plochých rýsovacích stolech s příložníky a novým vynálezem, rýsovacími pery Rotring. Změny v plánech se seškrabávaly z pauzáku tak, aby se neponičil. Složité vícebarevné plány se realizovaly komplikovanou technologií samostatných tiskařských matric. Kopie každého dokumentu byly pečlivě registrovány.
Atmosféra byla ale uvolněná, na večírcích v prostorech kanceláře jsme tančili na nové desky Beatles a Rolling Stones. Mou hlavní starostí ale nebyla vize nového socialistického sídliště, nýbrž pokus realizovat onen slib, ukrytý v obálce od Bakemovy kanceláře. Ačkoliv jsme se nacházeli v druhé polovině let šedesátých a tvrdý komunismus se postupně měnil v „socialismus s lidskou tváří", stále platila velmi tvrdá omezení cestování po Evropě, nemluvě o dlouhodobých pobytech v cizině. K vycestování do Nizozemska byla třeba řada podpisů, papírů a doporučení. Šéf našeho ateliéru Jiří Klen byl ale člověk s dobrými styky, velmi nápomocný, své tvrdé postoje z let

architectural profession in the 1950s had never been fully stated.
And, of course, there was no internet in those days.
After I returned from the Netherlands, toward the start of November in 1966, I joined the office in Žitná ulice, in a decrepit 19th-century Prague apartment block. I was assigned to the group under Milan Hon, a seasoned professional in his forties then fresh from a study stay in West Berlin. Our task was to create a plan for the inner suburb of Holešovice, an assignment that even today has defeated and continues to defeat countless architectural studios. And I became aware of all that I never learned in my studies. Sketching perspective renderings by hand was far easier that working with Holešovice's messy transport situation. In the adjoining offices, work was underway on the plans for the Bohnice housing estate to the city's north, while Klen's group was preparing for the competition held for the massive 'South Town' (Jižní Město). We worked on flat drafting tables using T-squares and one new invention – the Rotring drafting pen. Changes to the plans were scratched off of the tracing paper carefully, so as not to damage it. The complex multicoloured plans were then created using a complicated technology of separate printing matrices. And each copy of every single document had to be precisely registered.
Still, the atmosphere was relaxed, with parties held in the evenings where we danced to the latest Beatles and Rolling Stones albums. My main concern was nonetheless not the vision of a new socialist housing estate, but the realisation of that promise hidden in the envelope from the Bakema office. Although the Sixties had already progressed and the harsh Communism of before was softening into

padesátých už dávno opustil a proč by mladému učedníkovi nepomohl? Komickým paradoxem byl fakt, že výjezdní povolení k jednoročnímu pobytu do Nizozemska jsem dostal na začátku roku 1968, těsně po zvolení Alexandra Dubčeka prvním tajemníkem KSČ. Rozloučil jsem se s kamarády večírkem na Karlově náměstí a začátkem února vyrazil vlakem znovu směrem na západ. Samozřejmě jsem nemohl tušit, že ještě během stejného roku mě budou následovat tisíce dalších, ovšem natrvalo. Mezi nimi i můj dočasný šéf Jiří Klen s cílem Švýcarsko.

Se spolužáky RB a VŠ u Národního muzea
With fellow students – RB and VŠ – by the National Museum

"socialism with a human face", very harsh limitations on travel to Western Europe were still in force, let alone for long-term stays abroad. For my departure to the Netherlands, I needed countless signatures, papers, and recommendations. Yet the atelier head, Jiří Klen, had ample connections and a great desire to help; his aggressive stances from the 1950s were long forgotten and why would he not with to aid an inquisitive youth? As a comic paradox, the exit visa for a one-year stay in the Netherlands was issued to me at the start of 1968, right after Alexander Dubček was elected first secretary of the Czechoslovak Communist Party. I said my goodbyes to my friends at a party on Karlovo náměstí and at the start of February set off by train once more for the West.
Of course, I had no idea that during this very same year I would be followed by thousands of others, but now for a more permanent departure. Among them my former boss Klen on his way to Switzerland.

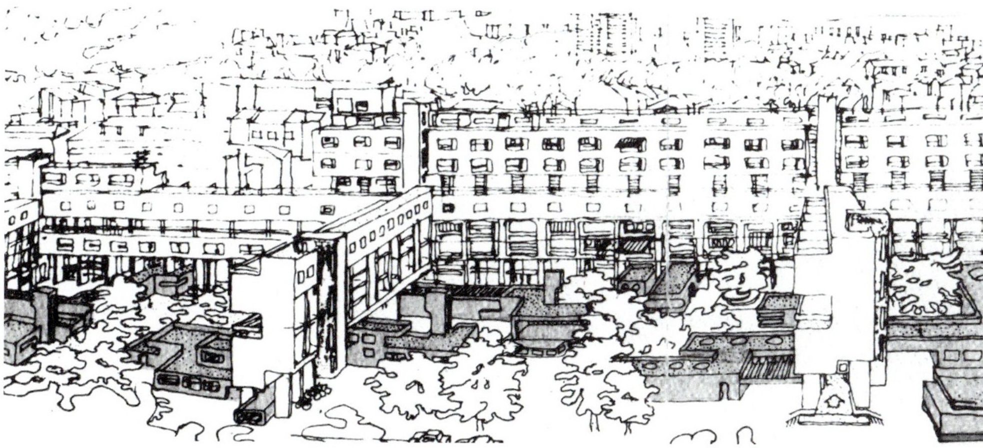

Skica z prezentace projektu centra Plovdivu (1968)
Sketch from the presentation of the project for central Plovdiv, Bulgaria (1968)

Znovu do jiného světa
Back to a Different World

Mezinárodně uznávaná architektonická kancelář s dlouhou tradicí Van den Broek en Bakema sídlila v ulici Posthoornstraat v Rotterdamu. Jeden z jejích šéfů Jaap Bakema je koncem šedesátých let hvězdou mezinárodní architektonické scény, projektuje a staví velké projekty po světě.
Už od roku 1957 je členem Teamu X, který de facto ukončil existenci CIAMu a stal se vůdčí silou generace architektů narozených po první světové válce a realizujících velké projekty poválečné obnovy. Druhý a starší šéf kanceláře Johannes Hendrik van den Broek je profesorem na TU Delft a reprezentuje tam končící předválečnou funkcionalistickou elitu. Zároveň je zástupcem Nizozemska v UIA a účastní se důležitých poválečných kongresů. Předchůdci těchto dvou partnerů byli architekti Michiel Brinkman a Leendert van der Vlugt, autoři důležitých staveb v Rotterdamu. Van der Vlugt byl autorem světoznámé továrny Van Nelle na předměstí Rotterdamu, jedné z ikon meziválečné funkcionalistické architektury. V kanceláři kdysi pracoval i věhlasný Mart Stam, o kterém se traduje, že právě on byl skutečným autorem světoznámé „bonboniéry" na střeše továrny.
Vstupuji tedy do svatyně soudobé architektury, ve dveřích se zde střídali

An internationally famed architectural studio with a long tradition, Van den Broek en Bakema had its headquarters in Rotterdam on Posthoornstraat. The second of the partners, Jaap Bakema, was by the end of the 1960s an international architectural superstar, working on large-scale projects around the globe.
Since 1957, he had been a member of Team X, the association that de facto ended the existence of the earlier International Congress of Modern Architecture (CIAM), thus a vital force within the generation of architects born after World War I who had the chance to realise grandiose projects of renewal after the second World War. The second (senior) partner, Johannes Hendrik van den Broek, was a professor at the Technical University Delft and represented the then-aging generation of the interwar Functionalist elite. Additionally, he was a representative of the Netherlands for UIA and took part in the major post-war congresses.
The predecessors of this partnership with the architects Michiel Brinkman and Leendert van der Vlugt, authors of major buildings in Rotterdam; van der Vlugt designed the renowned Van Nelle tobacco works on the Rotterdam outskirts, one of the icons of interwar Functionalist architecture. Also working for a time in the office was the famous Mart Stam, rumoured to have been

Protestní setkání Čechů v Rotterdamu [srpen 1968]
Protest meeting of Czechs in Rotterdam [August 1968]

jak Aldo van Eyck, tak manželé Alison a Peter Smithsonovi i další členové Teamu X. Vedle nich známí současní umělci, ale především důležití klienti z Nizozemska i celého světa.
Jako zahraniční praktikant začínám práci v takzvaném soutěžním oddělení, kde se zpracovává návrh na koncertní halu v Innsbrucku. Spolupracuji zde s Petrem Lüthim, pracovitým Švýcarem, který už tady má více než dvouletou zkušenost. Bakema se dostavuje každou sobotu, vypráví historky z velkého světa a probírá s námi nápady z minulého týdne, skicuje další směr. Soutěž v Innsbrucku je kombinací existujících staveb a nové koncertní haly, Bakemovi tato kombinace moc nesvědčí a náš „brutalistní" návrh velký úspěch nemá.
Následující projekt je mnohem zajímavější. Jedná se o velkou mezinárodní soutěž na Centrum města Plovdivu v Bulharsku, kam je Bakema pozván jako jeden z mezinárodních koryfejů. Jde o urbanistický projekt na celý střed města a Bakema samozřejmě navazuje na řadu předchozích mezinárodních projektů, ve kterých rozvinul vlastní

the real author of the famous "chocolate-box" on the factory roof.
I was, in short, entering into one of the temples of contemporary architecture, through the same doors used by Aldo van Eyck, Alison and Peter Smithson, or other members of Team X. And in addition, major living artists and important clients from the Netherlands or anywhere in the world.
As an international intern, I started work in what they called the "competitions" department, where they were preparing a design for a concert hall in Innsbruck. Here, I worked alongside Peter Lüthi, a hard-working Swiss, who had already spent two years here. Bakema stopped by every Saturday, relating anecdotes from the wider world and discussing with us the ideas from the past week, all the while sketching out the next direction. The Innsbruck competition involved a combination of an extant building and a new concert hall; Bakema was no fan of such combinations and our "Brutalist" design met with little success.
The next project was much more interesting. It was a large international competition for the city centre of Plovdiv in Bulgaria, to which Bakema had been invited as one of the prominent international names. An urban plan for the entire city core, it allowed Bakema to draw upon his many prior international urban plans, in which he had developed an original philosophy for the contemporary city. In it, the large automotive scale was interwoven with the private, smaller proportions of the individual family. The large scale was represented by linear multi-storey "backbone" structures reaching from the centre to the edges, from which there then emerged the "fingers" of the side branches in a smaller scale, merging with the extant built fabric or the natural surroundings.

filozofii současného města. V něm se prolíná velké automobilové měřítko se soukromým menším měřítkem individuální rodiny. Velké měřítko reprezentují lineární vícepatrové „páteřní" budovy linoucí se od centra až do okrajů, na ně pak navazují „prsty" boční větve menšího měřítka přecházející do existující zástavby anebo do přírody. Podobným způsobem byly zpracovány plány měst Skopje, Ašdodu a Curychu, stejně jako reprezentativní plán Pampus, navrhující rozšíření Amsterdamu do vnitřního moře Zuiderzee. Během práce na Plovdivu začínám chápat základní filozofii, která se lišila od všeho, co jsem poznal v české praxi. Zde nehraje roli technologie, velikost panelů nebo délka jeřábové dráhy, ale základní myšlenka a celkový prostorový a dopravní systém. Zajímavé je, že Bakemovi se podařilo realizovat základní prvky jeho vícevrstevnatého města (viz plán t'Hool Eindhoven), ale jeho celková představa nového „páteřního" města, inspirovaného rotterdamským Lijnbaanem, zůstala jen na papíře.
Práce na plovdivské soutěži má skončit v srpnu 1968. Předtím odjíždíme s Peterem Lüthim do Bulharska na průzkum skutečného města. Cestou nazpět se ještě stihnu oženit v Liberci se svou přítelkyní Helenou Jiskrovou, která už si během jara dokázala sehnat obdobnou praxi u amsterdamského architekta Barta van Kasteela.
Práce na soutěži finišují v momentě, kdy do Prahy vjíždějí ruské tanky...! Přerušuji práci na soutěži a organizuji protest. Jak dát z dálky najevo, že s tím nesouhlasím? Celé Nizozemsko je šokováno a také protestuje. Z kanceláře Van den Broek en Bakema se na pár dnů stává centrála českého protestu proti ruské

He used this method in preparing his city plans for Skopje, Ashod, and Zurich, as well as his visionary plan "Pampus", imagining the expansion of Amsterdam into the waters of the Zuiderzee. It was during work on the Plovdiv plan that I began to grasp the essence of his philosophy, which diverged from everything I had seen in Czech architectural practice. Here, there was no role assigned to technology, to the size of concrete panels or the length of the crane route, but to the underlying idea and the wider spatial and transport system. Interestingly, Bakema was able to realise the essential components of his multi-layered city (not the plan for t'Hool Eindhoven), but his more far-reaching idea of a new "backbone" city, inspired by Rotterdam's Lijnbaan, remained merely confined to paper.
Work on the Plovdiv competition entry was to have ended in August 1968. Before this date, I travelled with Peter Lüthi to Bulgaria for an on-site investigation of the city. On the way back, I managed to stop in Liberec and marry my girlfriend Helena Jiskrová, who that spring had herself managed to arrange a similar internship with the Amsterdam architect Bart van Kasteel.
Our work on the competition design was coming to an end right at the moment... when Russian tanks rolled into Prague! All work on the design stopped and we began organising protests. How could we say from a distance that we too disagreed? The whole of the Netherlands was shocked and also protesting. For a few days, the Van den Broek en Bakema office served as the Dutch centre for Czech protest against the occupation. By chance, my colleague Martin Rajniš was visiting at the time, having sailed to Rotterdam on a small sailboat; he helped not only with the protest but also

okupaci. Náhodou je u mě na návštěvě Martin Rajniš, který přijel do Rotterdamu na malé plachetnici, pomáhá s protestem a potom i na soutěži v kanceláři. Dodatečně onu anabázi do Nizozemska, včetně naší návštěvy sovětské ambasády v Haagu, popsal ve svých vzpomínkách *Pětadvacet tisíc dnů*.

Sám jsem si teprve dodatečně uvědomil, že tato chvíle byla oním zlomovým momentem, který ovlivnil celý můj další život.

Dosáhli jsme toho, že termín soutěže byl odložen tak, aby i český tým vedený profesorem Jindřichem Krisem mohl odevzdat práci později. Soutěž nakonec vyhráli Francouzi. Neumím si dost dobře představit, jak by Plovdiv přežil implementaci našeho poněkud tvrdého „páteřního" plánu. Dokládá to jedna z mých ručně kreslených perspektiv, která byla zvěčněna v pozdější publikaci.

Po odevzdání plovdivského projektu následuje práce na řadě dalších soutěží i několika reálných projektech. Postupně začínám rozumět tomu, jak funguje velká architektonická kancelář. Dva dominantní šéfové, pět partnerů zodpovědných za samostatné projekty a velké množství dalších zaměstnanců, kteří se přelévají z projektu na projekt. Celkem asi dvě stě padesát spolupracovníků rozdělených do několika kanceláří, pobočky v Arnhemu, Hamburku a Mnichově. Jasně rozdělené zodpovědnosti od návrhových ateliérů až po kontrolu provádění na stavbách. S aktivním oddělením PR a rozsáhlým archívem, který obsahoval ještě modrotisky výrobních výkresů továrny Van Nelle (1929) a který byl později přestěhován do NAI, kde tvoří jádro moderní sbírky. Přímé setkání s pojmem „kontinuita". Štafeta v kontinuálním

later with finishing the competition in the studio. Later, he described the entire journey to the Netherlands, including our visit to the Soviet embassy in The Hague, in his memoir *Twenty-Five Thousand Days*.

For myself, it only became clear to me later that this instant was the breakthrough moment that shaped the entire remaining course of my life.

We managed to reach an agreement that the competition deadline would be postponed so that the Czech team, headed by Professor Jindřich Krise, could send their design later. In the end, though, it was the French team that won. And I really cannot imagine how Plovdiv would have been able to survive the implementation of our somewhat uncompromising "backbone" plan. Confirmation can be found in one of my freehand perspective views, reproduced in a later publication.

Still, once the Plovdiv project had been submitted, there followed more work on many other competitions and then a few actual design projects. Gradually, I began to understand how a large architectural studio operates. In this case, with two strong charismatic heads, five partners responsible for independent projects, and a great many other employees shifting from project to project. In total, around two hundred and fifty assistants, divided into several offices, with branches in Arnhem, Hamburg and Munich. A clear division of responsibilities from the design studios up to the construction inspection on the building sites. An active PR department and an extensive archive, reaching back as far as the original construction blueprints for the Van Nelle factory (1929), later donated to the NAI to form the core of the modern collection. And it was a direct encounter with the idea of continuity: a relay of continual transmission

předávání zkušeností mezi generacemi, na které jsem později mnohokrát vzpomínal. Volba dalšího partnera do vedení kanceláře s ohledem na respektování tradice na jedné straně, ale i nové energie a současného chápání architektury na straně druhé.
Kotrmelce v historii české architektury vlastně nikdy nikomu nedovolily vybudovat podobnou kancelář, která by těžila jak z dlouhodobé důvěryhodnosti u klientů, tak i z „kolektivní paměti" kvalitního sehraného orchestru.

of experience among generations, something that I looked back toward many times in later years. And the choice of a new partner for office management, paying attention to respect for tradition on one hand, but also for new energy and an updated sense for architecture on the other.
The convulsions and reversals in the history of Czech architecture, in short, never allowed for anyone to build up a similar office that could relay not only on the longstanding trust of its clients but no less on the "collective memory" of a well-harmonised ensemble.

Továrna Van Nelle na předměstí Rotterdamu
(van der Vlugt, 1929)
The Van Nelle factory on the outskirts of Rotterdam
(van der Vlugt, 1929)

Síla osobnosti
The Force of Personality

Vrátím se ještě k vůdčí postavě celého podniku, protože jsem se poprvé setkal s tak výrazným vlivem osobnosti na chod událostí. Jacob Berend Bakema [1914–1981] byl přizván do existující rotterdamské kanceláře někdy na začátku padesátých let díky své pověsti mladého buřiče na poválečné scéně jak v Nizozemsku, tak v mezinárodním měřítku. Vzpomíná na něj i architekt Vladimír Karfík ve svých vzpomínkách o přípravě 10. kongresu CIAM v Dubrovníku: vznikajícímu Teamu X příliš velký kredit tehdy nedával, s respektem mluví o manželech Smithsonových. Bakema spolupracoval na výstavbě obchodní ulice Lijnbaan v centru Rotterdamu, která byla vzorem pro vznikající poválečná obchodní centra. Pozornost zaujal projektem biografu Lantaren, kde se pokusil o expresivní prolínání vnitřního a vnějšího prostoru podle Rietveldových principů.
Podílel se významně na formování Teamu X, který byl původně pověřen přípravou dubrovnického kongresu a de facto radikálně napadl sterilitu Athénské charty CIAM, jež se stávala schematickou doktrínou přestavby zničených evropských měst po druhé světové válce. Funkční rozdělení budoucího města podle předem definovaných funkcí zde poprvé narazilo na promyšlený odpor. Diskuse vedené od

I should return, once more, to the leading figure of the whole enterprise, because it was the first time I ever met a personality with such influence on the course of events. Jacob Berend Bakema [1914-1981] was hired at an extant Rotterdam studio sometime at the start of the 1950s thanks to his reputation as a young rebel in the post-war scene, whether in the Netherlands or on the international scale. He was even mentioned by the Czech architect Vladimír Karfík in his account of the preparation for the 10th CIAM congress in Dubrovnik: he did not grant much credit to the new-formed Team X, but did speak highly of the Smithsons. Bakema collaborated on the construction of the commercial street Lijnbaan in central Rotterdam, which became the pattern for retail centres across post-war Europe and beyond. Particular attention was sparked by his design for the Lantaren cinema, where he worked to create an expressive interlinking of interior and exterior space following Rietveld's.
He had a major role in the forming of Team X, which was originally entrusted with preparing the Dubrovnik congress and de facto radically denounced the sterility of the CIAM's Athens Charter for becoming a sterile doctrine imposing uniformity on the rebuilding of Europe's destroyed cities after World War II. functional division of the future city as per pre-defined functions came up against well-argued resistance.

setkání Teamu X v Otterloo [1959] byly silně ovlivněny názory Petera a Alison Smithsonových, Aldo van Eycka a dalších. Jaap Bakema byl robustní člověk plný energie, původem z jednoduché rodiny v Groningenu. Jeho žena Sia byla z „lepší rodiny" a doprovázela ho při všech důležitých setkáních. Byl to on, kdo se stal nesporným motorem celé skupiny a zasloužil se nejen o organizaci setkání, ale také o systematické publikace nových názorů. Ambicí všech členů Teamu X bylo předvést na každém dalším setkání vlastní aplikace diskutované filozofie v nových projektech.
Debata se neomezovala jen na masovou výstavbu, hlavní poválečné téma. Na rozdíl od CIAMu nebyly hranice debaty nijak omezeny, diskuze se týkala celkové změny poválečných společností a byli k ní zváni nejen architekti. Pro rotterdamskou kancelář bylo toto propojení živným elixírem. Vedle práce v Teamu X a vlastních projektů v běžící kanceláři byl Bakema navržen v roce 1964 na místo profesora architektury na TH Delft. Jeho inaugurační řeč je svědectvím o jasném kritickém rozhledu a schopnosti nasměrovat budoucí generaci nejen k formálně odlišnému postoji, ale především ke změněnému společenskému angažmá v začínajících šedesátých letech. Podobně se stal v těchto letech vedoucí postavou Letní akademie v Salzburgu [1965–1971], kde obdobně propagoval myšlenky Teamu X před mezinárodním akademickým publikem. Někteří absolventi Akademie pak přicházeli na stáže do rotterdamské kanceláře. Bakemova postava zůstává dodnes neoddiskutovatelným milníkem v dalším poválečném rozvoji nizozemské architektury jako celku.

The discussions held after the Team X meeting in Otterloo [1959] were strongly influenced by the views of Peter and Alison Smithson, Aldo van Eyck and others. A robust and energetic sort, Jaap Bakema had been born into a humble family in Groningen. His wife Sia came from "higher circles" and always accompanied him to any important meeting. Without question, he soon emerged as the driving force of the entire group, responsible not only for organising its meetings but also the systematic publication of its new opinions. The ambition of all members of Team X was to present at each further meeting their own application of the discussed philosophies in new projects.
For the Rotterdam studio, this connection was a true elixir of vitality. Alongside work with Team X and his independent projects in the office, Bakema was also nominated in 1964 to a position as architecture professor at the Technical University of Delft. His inauguration speech is a testament to his clear-eyed critical perspective and his ability to guide the next generations not only to a differing formal stance, but even more significantly toward an altered social engagement as the 1960s began. Similarly, he also became in the same period the leading figure at the Summer Academy in Salzburg [1965–1971], where he likewise promoted the ideas of Team X to an international public. In turn, several graduates of the Academy later came to his Rotterdam office as interns. Bakema's influence remains even today an indisputable milestone in the greater scheme of Dutch architecture and its postwar development.
For me personally, Bakema's architectural philosophy fascinated me in three aspects:

Mě osobně na Bakemově filozofii fascinovaly tři věci:

- Názorová kontinuita a schopnost navazovat na minulost svých předchůdců Leenderta van der Vlugta, Marta Stama, Gerrita Rietvelda a dalších.
- Hledání expresivního výrazu pro míchání funkcí v jedné budově, jednom obytném celku anebo celém městě pod heslem: architektura = urbanismus.
- Sociální dopad architektury. Každý, byť sebemenší, projekt byl sledován humanistickým pohledem a řešil, jaký efekt bude mít na lidi [uživatele, obyvatele, pozorovatele].

Bakemovy přednášky nebyly nikdy suchým výčtem nějakých faktů. Dokázal s obrovskou energií zatáhnout posluchače do procesu vzniku projektu, rozlišit základní východiska a pak možnosti rozpracování. Základním prostředkem jeho výkladu byla rozmáchlá expresivní skica. Podobně jako malíř Jackson Pollock začal drobným nápadem a postupně se skica rozrůstala do obřích rozměrů. Ti, kdo její vznik sledovali, pochopili nové souvislosti. Pro ty, kdo se jejího vzniku nezúčastnili, byla na tabuli nebo ve skicáku jen expresivní a nečitelnou mazanicí.
Do povědomí nizozemské veřejnosti se Bakema zapsal už začátkem šedesátých let populárním televizním cyklem *Od židle až po město*, v němž diváka v přímém přenosu zasvětil svým svérázným skicováním na tabuli před kamerou do všech kroků architektonického návrhu. Cyklus navazoval na veřejnou sbírku, jejímž cílem bylo dofinancovat malé městečko pro han-

- The intellectual continuity and ability to make connections to the past through his predecessors Leendert van der Vlugt, Mart Stam, Gerrit Rietveld and others.
- The search for an expressive form for multiple functions in a single building, a single residential complex or even an entire city, under the motto: architecture = urbanism.
- The social impact of architecture. Every project, however minor, was followed from a humanistic standpoint, and Bakema always examined what effect it would have on people [users, residents, observers].

Bakema's lectures were never a dry recapitulation of disassociated facts. With enormous energy, he could draw the listeners straight into the process of a project's creation, differentiate the basic starting points and then outline the possibilities of their further elucidation. The essential medium of his explications was the spreading expressive sketch. Like the painter Jackson Pollock, he started with a small idea and gradually the sketch expanded to gigantic dimensions. Whoever followed its course of creation came to understand new connections; yet for those not fortunate enough to be present in its formulation, all that remained on the chalkboard or sketchbook was an emotive yet illegible mess.
As early as the start of the 1960s, Bakema made his name among the general Dutch public through the popular television series *"From Chair to City"*, in which the viewer could watch, in live real-time broadcast, his unique chalkboard-sketching process through all steps of the architectonic design. The series was linked to a public fundraising

dicapované spoluobčany „Het Dorp" poblíž Arnhemu. Výstavba městečka, které bylo realizováno podle Bakemova návrhu, se stala celonárodní akcí. Stavba přispěla nejen k jeho vlastní popularitě, ale celkově zvýšila prestiž architektského stavu v období poválečné rekonstrukce země.

campaign for the co-financing of a small settlement for the physically handicapped, "Het Dorp" outside Arnhem; realised from Bakema's design, its construction became a nationwide event. Its completion completed not only to Bakema's public profile, but equally to the overall increase in the prestige of the architectonic profession during the period of post-war reconstruction.

Věžový dům v Berlíně-Hansaviertelu
(Van den Broek en Bakema, 1958)
Tower block in West Berlin's Hansaviertel
(Van den Broek en Bakema, 1958)

Hospoda „Na Jedlové" v Radčicích u Liberce (zbořeno)
The former inn "Na Jedlové" in Radčice near Liberec (demolished)

Domů?
Homeward Bound?

Vývoj situace po invazi vojsk Varšavské smlouvy postavil mě a mou ženu Helenu před černobílou volbu: vrátit se domů do tíživé situace v okupované zemi, nebo volit emigraci, která mohla trvat po zbytek našeho života? Rozhodli jsme se tehdy pro návrat a 31. prosince 1969 kolem půlnoci překročili hermeticky se uzavírající hranice obsazeného Československa. Atmosféra byla už poznamenána dramatickými událostmi prvního roku okupace, výměnou politické špičky, Palachovým protestem a „utahováním šroubů" ve všech vrstvách společnosti. Jako zázrakem se objevila možnost pracovat v libereckém SIALu, kde pod patronací šéfa kanceláře Karla Hubáčka začínala vznikat skupinka absolventů architektury pražské ČVUT. O její sestavení a směřování se staral Hubáčkův mladší kolega Miroslav Masák, se kterým jsem se seznámil ještě během stáže v Rotterdamu. Prozřetelný nápad vytvořit vedle nově vznikající kanceláře skupinku mladých začínajících „talentů" vznikl nepochybně v oné zázračné tvořivé době osmašedesátého roku. Postupně se zde sešli bývalí kolegové z dejvické školy: Mirko Baum, John Eisler, Martin Rajniš, Dalibor Vokáč, Emil Přikryl, Petr Vaďura, Jiří Suchomel, Václav Králíček, Dana Zámečníková a pár dalších. Po krátkém rozhovoru

The developments after Czechoslovakia was invaded by the Warsaw Pact forces placed me and my wife Helena in front of a stark choice: return home to a precarious situation in an occupied homeland or choose emigration possibly lasting for our entire lives? At this moment, we decided to return and on 31 December 1969, almost around midnight, we crossed the hermetically sealed borders of occupied Czechoslovakia.
Already, the atmosphere was marked by the dramatic events of the first year of the invasion, the replacement of the political leadership, Jan Palach's tragic protest and the "tightening of the screws" across all layers of society.
Almost by a miracle, a possibility emerged to work in the Liberec studio SIAL, where under the patronage of the studio head Karel Hubáček there began to emerge a group of recent graduates of the architecture faculty at the ČVUT in Prague. For its compilation and guidance, the duties were assigned to Hubáček's younger colleague Miroslav Masák, whom I had met already during my Rotterdam internship. This fruitful idea of creating, alongside the newly formulated office, a group of youthful, beginning talents undoubtedly arose in that almost impossibly creative moment of the year 1968.
One by one, there arrived various former classmates from Prague: Mirko Baum, John Eisler, Martin Rajniš, Dalibor Vokáč,

s Masákem jsme jejich řady doplnili od začátku roku 1970 i já s Helenou Jiskrovou. Této skupince se začalo říkat „Školka SIALu" a písemných svědectví o jejím začátku už dnes existuje celá řada. Stala se pojmem. Někteří o ní ještě dodnes pořádají přednášky.
Začátek byl velmi dramatický. Byli jsme zaměstnáni u libereckého podniku, ale všichni jsme bydleli v Praze. Řešením bylo občasné dojíždění do ohyzdné budovy Adria v centru Liberce, kde v temných kancelářích bývalé pojišťovny pracovali „normální" zaměstnanci zavedené kanceláře. My přespolní jsme vozili své návrhy v kartonových troubách a rozbalovali je na chodbách tam, kde jsme potom strávili i řadu nocí ve spacácích. Naší první prací byla tzv. „cvičení", kdy jsme formou interní soutěže řešili drobné úlohy.
Nejzajímavější na tom byl ale fakt, že malých soutěží [na kapli, rodinný dům Věry Chytilové, model pro Prahu a podobně] se zúčastnili i Hubáček a Masák! A projekty byly posuzovány společně, v otevřené a dlouhotrvající debatě, ze které vždy nakonec vzešel jasný vítěz.
Někdy v období let 1971 až 1972 se situace radikálně změnila poté, kdy SIAL rekonstruoval starou sudetoněmeckou hospodu v Radčicích u Liberce na nové pracoviště. Z velkého tanečního sálu vznikl centrální prostor, do něhož ústily dvoupatrové boxy sestávající z minimálního pracovního prostoru a jakési obytné palandy. Vše doplněno kuchyní, dílnou, koupelnami a velkou zahradou. Neuvěřitelné!
Dva roky po okupaci, kdy ve všech československých podnicích probíhaly stranické čistky a spousty těch, kteří podporovali pražské jaro, přišli o práci, vznikl kousek od Liberce malý „ráj na

Emil Přikryl, Petr Vaďura, Jiří Suchomel, Václav Králíček, Dana Zámečníková and a few others. After a brief conversation with Masák, Helena and I joined their tanks from the start of 1970. Soon, this group began to be called the "SIAL Kindergarten", and much has already been written about its start and activity. By now, it is an established concept; even today forming the subject of lectures.
The start was dramatic in the extreme. We were hired by the Liberec office, but all of us were living in Prague, around 100 km to the south. The solution was to pay occasional visits to the unattractive Adria Building in the centre of Liberec, where the "regular" employees of the extant studio worked in the dark offices of the former insurance company. Those of us from outside brought our designs in cardboard tubes and unwrapped them in the corridors, where often we would spend several nights together in sleeping bags.
Our first work was "practice assignments", where we addressed small tasks in the form of an internal competition. Interestingly, though, even the small competitions [e.g. a chapel, the house of film director Věra Chytilová, a model for Prague and the like] had Hubáček and Masák joining in! And the projects were judged all together, in open and uninterrupted debate, though always arriving at the end with a clear winner.
Sometime between 1971 and 1972, the situation was significantly improved after SIAL reconstructed an old Sudeten-German inn in the outlying village of Radčice for a new working space. The large dancehall became a central space surrounded with two-level boxes consisting of a minimal work area and a kind of sleeping-loft above. And all this along with a kitchen, workshop, bath facilities and a large garden. Unbelievable!
Two years after the Soviet occupation, when all Czechoslovak institutions were

Televizní vysílač a hotel Ještěd
(Hubáček a kol., 1968–1973)
Television transmitter and hotel Ještěd
(Hubáček et al., 1968–1973)

zemi", kde nikdo nikoho nekomandoval, neprověřoval a kde jsme si užívali svobody. Jezdili jsme sem nejen do práce, ale pořádali jsme výstavy, koncerty, workshopy a trávili tu i prázdniny s malými dětmi. Cena za naši „splendid isolation" nebyla malá. Naši šéfové byli za svou činnost v roce 1968 diskriminováni nově ustavenou elitou československé architektské komunity, nesměli publikovat a byli vyloučeni z tehdejšího Svazu architektů. Vedle toho byli pod každodenní palbou kádrováků a nově nasazených ředitelů regionálních úřadů a stranických činitelů. Neviditelná mocenská vrstva spojená s StB zaměřila na SIAL svou pozornost. Naši ochránci dokázali nejdříve kličkovat před nastupující normalizační zvůlí. Po likvidaci pražských nezávislých ateliérů však evidentně musel být zlikvidován i SIAL. Status nezávislého podniku musel padnout: východiskem bylo zařazení zpátky do socialistického Stavoprojektu, který se povinně podílel na plánované výstavbě v Severočeském kraji. Jak za této pokřivené doby diskutovat o architektuře? Jak zabránit likvidaci předválečného architektonického dědictví? Jak předejít dalšímu ničení české krajiny? Jak si udržovat spojení se světem? Dnes je něco takového pro mladší generaci asi nepředstavitelné.

suffering from political purges and so many one-time supporters of the Prague Spring were losing their jobs, there appeared, just outside Liberec, this tiny paradise on earth free from orders or interrogations, where we could enjoy our freedom. Not only was it a place where we went to work, but also to hold exhibitions, concerts, workshops, or even spend our holidays with our small children. Of course, the price for our "splendid isolation" was not a small one. Our bosses encountered sharp discrimination from the newly installed elites of the Czechoslovak architectural community for their actions in 1968, lost all possibility of publication, and were expelled from the Architects' Union. Additionally, they were under almost daily assault from Communist Party loyalists and newly appointed heads of regional offices or the Party elites. And the invisible layer of power, not least the feared secret police, turned its eyes towards SIAL. At first, our patrons successfully evaded and outmanoeuvred the forces of arbitrary repression. Yet after the elimination of the independent architectural ateliers in Prague, it was clear to everyone that SIAL would be next. The autonomous status had to end: the result was its re-incorporation back into the mammoth state Stavoprojekt, with the mandatory assignment of working on planned construction in the North Bohemia region. How could we, in such a deformed era, openly discuss architecture? How could we prevent the destruction of pre-war architectural heritage? Or avoid further damage to the natural environment? And how to remain in contact with the outside world? Today, these questions must appear almost unimaginable to the younger generations.

1

2

3

1 Vnitřní hala Jedlové (během výstavy Jiřího Sopka)
The main hall in "Na Jedlové" (during an exhibit by Jiří Sopko)
2 Schůze Školky s vedením SIALu
Meeting of the Kindergarten with the heads of SIAL
3 Ve volném čase
Leisure time

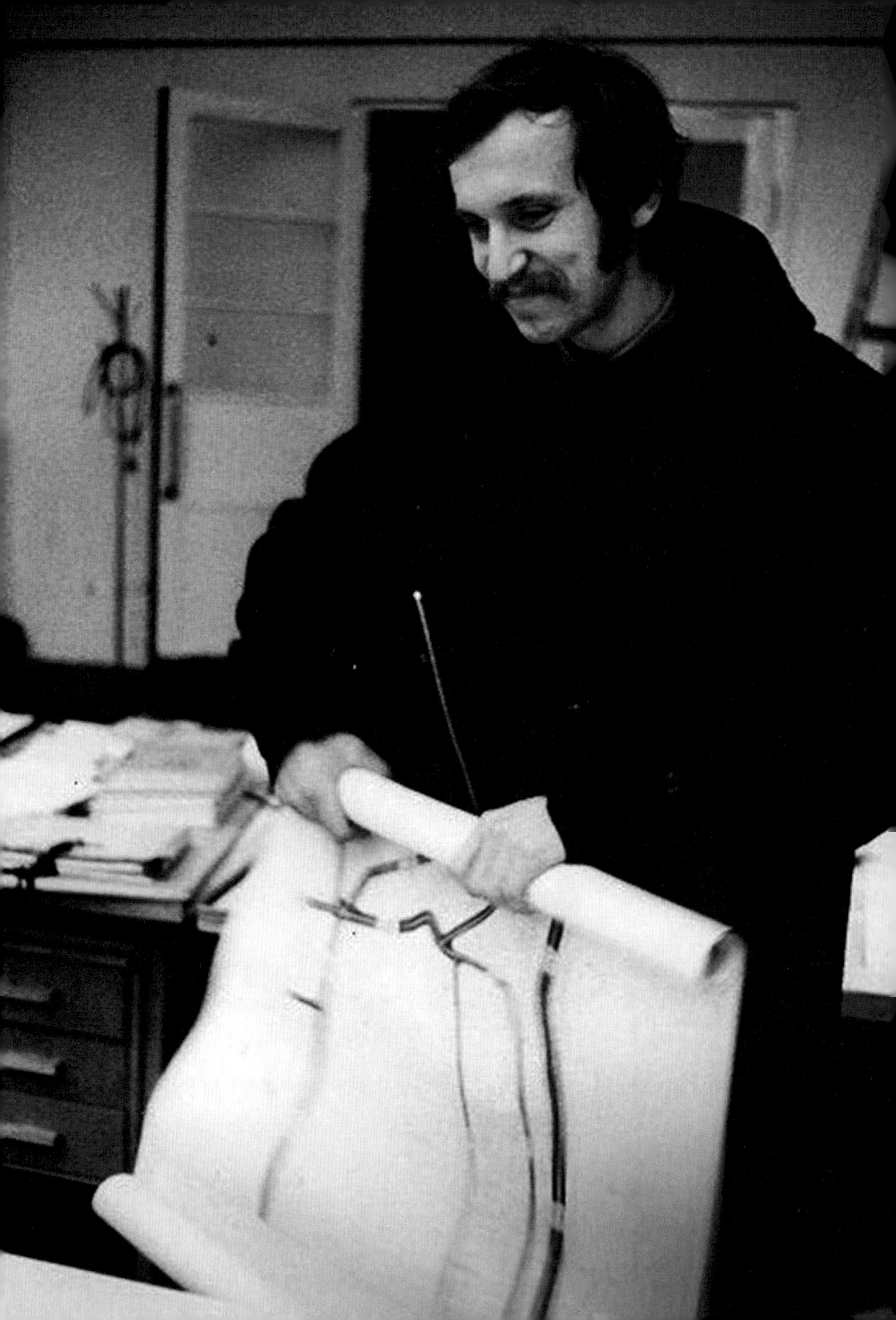

Zrání ve Školce
Maturing in the Kindergarten

Není úplně možno si odmyslet popisované vnější okolnosti vzniku a fungování Školky, ale posun v našich znalostech a schopnostech za oněch šest až osm let byl úžasný. Bylo-li nás na začátku asi deset, měli jsme každý vlastní názory, byť ne úplně odlišné. Mirko Baum, pocházející ze strojařské rodiny, byl už ze školy „mašinistou" a vynikajícím modelářem, John Eisler obdivoval Jamese Stirlinga a jeho přechod k postfunkcionalistické moderně, Emil Přikryl a Dalibor Vokáč milovali Louise Kahna a objevovali Roberta Venturiho, Martin Rajniš byl svérázný solitér se sklony k monumentálnímu urbanismu, Jiří Suchomel byl už ze školy precizní technokrat, stejně jako Václav Králíček. Dana Zámečníková paralelně začínala studovat scénografii na pražské UMPRUM; Helena Jiskrová i já jsme byli pod dojmem zkušenosti s nizozemským humanismem. Každé nové číslo *AD* (*Architectural Design*) jsme zhltali do posledního článku a obrázku. Ani naši dva vedoucí středního věku, kteří už měli za sebou několik hodně odlišných stylových období, se od nás příliš nelišili.

Efekt začátečních cvičení a prvních malých zakázek byl neuvěřitelný. V průběhu počátečních dvou nebo tří let (zpětně první fáze Školky) vznikl jakýsi „melting pot", každodenní vzájemné měření,

Though it is impossible to avoid discussing the unpleasant external circumstances around the founding and operating of our 'Kindergarten', it must be admitted that the shift in our knowledge and capabilities during these six to eight years was amazing. At the start, there were around ten of use, each with independent opinions yet not entirely diverging. Mirko Baum, coming from an engineering family, was even in his student years the "machinist" and an expert modeller;

John Eisler looked toward James Stirling and his transition to a postfunctionalist modernism, Emil Přikryl and Dalibor Vokáč loved Louis Kahn and discovered Robert Venturi, Martin Rajniš was a resolute individualist with a tendency toward monumental urbanism, Jiří Suchomel was a precise technocrat even as a student, as was Václav Králíček. Dana Zámečníková was additionally studying stage design at Prague's Academy of Applied Arts (UMPRUM); Helena Jiskrová and I were strongly marked by our experience with Dutch humanism. Each new issue of *AD* (*Architectural Design*) was eagerly devoured to the very last article and picture. Nor did our two supervisors, now in middle age with several extremely different stylistic periods behind them, differ much in this respect.

The effect of the initial exercises and first small commissions was unbelievable. During

permanentní prezentace a modelářská vášeň měly svůj efekt. Vzájemné ovlivňování se dotklo všech, včetně obou šéfů Hubáčka a Masáka.
Jak naše pozice k projektům, tak způsob navrhování i konečná argumentace byly naprosto intuitivní. Chyběl hlubší teoretický základ, byť se o něj Petr Vaďura po tu krátkou dobu, kdy s námi žil, úžasně snažil. Stejně tomu bylo i v našich nekonečných emocionálních debatách.
Pověst Školky se českým tamtamem bleskově roznášela, přestože jsme nesměli publikovat v oficiálním architektonickém tisku. Přispěly k tomu i fotografické reportáže Pavla Štechy, který se během času stal neformálním členem Školky. Občas se některý zahraniční časopis o Školce zmínil, ale většinou v rubrice kuriozit.
Původní myšlenku obměňování členů inkubátoru Školky ale nebylo možno realizovat, protože nebylo kam odejít. Projektové ústavy, kde skončili ostatní architekti naší generace, se vracely k socialistické praxi povinných plánovaných zakázek svázaných s bytovou výstavbou. Oba naši šéfové obdivuhodně dokázali sehnat dostatek práce pro všechny. Díky Hubáčkovým kontaktům mezi technokratickými úředníky v neprůhledném systému rozdělování státních zakázek zbyly některé úkoly i pro přejmenovaný SIAL / Stavoprojekt Ateliér 2.
Začátkem byl projekt Obchodního domu Máj v Praze na rohu Národní a Spálené, vlastně první reálný projekt Školky. Vybraný tým [Masák, Eisler, Rajniš] vyhrál vyzvanou soutěž a tím se výrazně oddělil od zbytku skupiny. Tlak běžící stavby, kterou realizoval švédský dodavatel, vyžadoval úplně jiný způsob práce než předtím. Skončilo nezávazné diskutování nad úlohami, které zůstá-

the initial two or three years [retrospectively the first phase of the Kindergarten there arose a kind of "melting pot", where the daily mutual clarifications, permanent self-presentation and passion for modelling had the necessary effect. This mutual influencing affected all of us, including the two senior members Hubáček and Masák.
Everything we did, whether our position regarding the projects, the method of design, or even the final argumentation, was completely and utterly intuitive. We lacked any deeper theoretical grounding, even though Petr Vaďura, during that brief time he spent with us, tried hard to give us one. No less was this true in our endless, emotional debates.
The reputation of the Kindergarten grew rapidly, flowing through the secret information channels even though we were barred from publication in official architectural journals. Contributing to this standing was the photographic reportage of Pavel Štecha, who in time became an informal member himself. Occasionally, one international journal or another made a brief reference to the Kindergarten, though usually under the heading of curiosities.
Yet the original idea of circulation and exchange of the members of the Kindergarten, as a kind of incubator, could never be realised, since there was no place for us to go. The design institutes where the other architects of our generation ended up had, by this point, already returned to the socialist practice of obligatory planning commissions connected to mass apartment construction.
Both of our bosses had an incredible ability to bring in sufficient work for us all. Thanks to Hubáček's contacts with the more technocratically-minded officials in the deeply untransparent system of issuing state

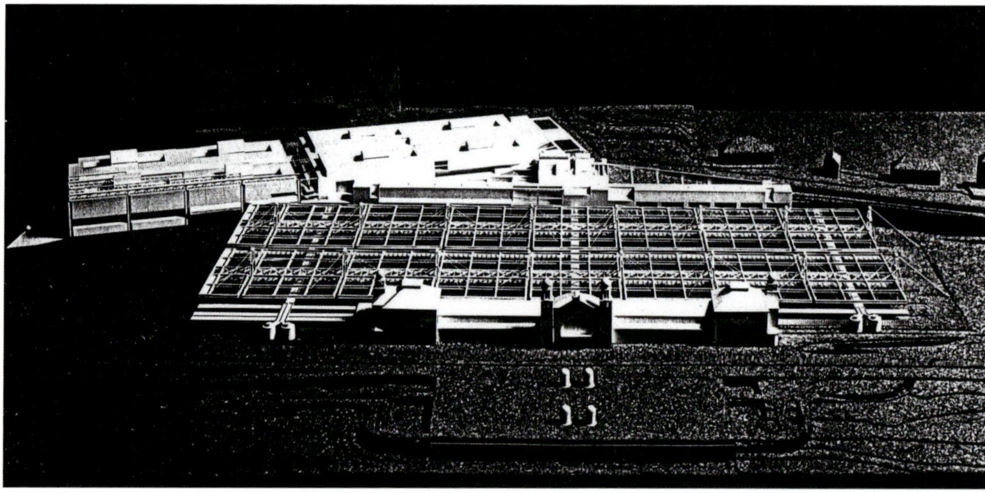

1

2

1 Soutěž na přestavbu Hlavního nádraží v Praze (Eisler, Přikryl, Vokáč, Zavřel, 1977)
Competition entry for the rebuilding of Prague's main rail station (Eisler, Přikryl, Vokáč, Zavřel, 1977)

2 Studie přestavby Žižkova (Masák, Zavřel, Králíček, Suchomel ad., 1972)
Study for the rebuilding of the Prague district Žižkov (Masák, Zavřel, Králíček, Suchomel et al., 1972)

Model telefonní ústředny v České Lípě [Zavřel, 1975]
Model of the telephone exchange in Česká Lípa [Zavřel, 1975]

Telefonní ústředna v České Lípě
Telephone exchange, Česká Lípa

valy jen na papíře. Zanedlouho poté se objevily jiné reálné zakázky jako Vodárenská věž u Prahy nebo Česká bouda na Sněžce.
Druhá fáze existence Školky se začínala podobat konglomerátu malých architektonických ateliérů. Rozdělování práce se stalo důležitým rituálem a nová zodpovědnost vedla ke stále větší samostatnosti jednotlivých skupin. Hubáček zůstával hlavní a konečnou autoritou. Jeho občasné návštěvy Jedlové byly velkým svátkem. Jeho vstup do debaty začínal vzájemným špičkováním a vtipkováním: „Tomu vy, čudlové, stejně nerozumíte...", ale potom rychle přešel k podstatným věcem. Jak dál, jak se postavit dalším tlakům zvenku. Tato improvizovaná setkání nám všem dodávala energii na další dobu.
Projekt na Českou boudu na Sněžce se vymykal kategorii regionálních realizací. Naše skupinka (Vokáč, Zavřel, Suchánek, Stránský) si dala za úkol vytvořit co nejsamostatnější objekt na vrcholu, který by fungoval za často krutých klimatických podmínek. Poprvé jsme se setkali s problematikou autonomní stavby, navíc s velmi obtížnými podmínkami pro realizaci. Byli jsme

commissions, there always remained a few tasks for the renamed SIAL/now Stavoprojekt Atelir 2.
The beginning was the design for the "Máj" department store in Prague, right in the centre at the Národní – Spálená intersection, indeed the first real design commission for the Kindergarten. The selected team (Masák, Eisler, Rajniš) won the invited competition and from this point split off sharply from the rest. The pressures of ongoing construction, realised by a Swedish contractor, demanded an entirely different working method than before. No more long, free-floating discussions over designs that would remain only confined to paper. Not long after, we began to receive other real assignments, like the Prague water tower or the "Czech Chalet" (Česká bouda) on Mt. Sněžka, the nation's highest peak.
The second phase of the Kindergarten's existence began to resemble a conglomerate of small architectural ateliers. Dividing up the work was now an important ritual and the new responsibilities led to an ever-increasing autonomy of the individual groups. Hubáček remained the main and final authority. His occasional visits to Jedlová were like a major holiday. Entering into the debates, he would start with various forms of chaffing and joking – "This is something, kids, that you won't understand anyway" – but rapidly shifted to essential matters: how to keep going, how to face up against further pressure from outside. These improvised meetings always gave us energy for the next step.
The project for the chalet on Mt. Sněžka reached beyond the category of regional projects. Our group (Vokáč, Zavřel, Suchánek, Stránský) took as its task the creation of the most independent, autonomous structure atop the mountain, able to keep operating

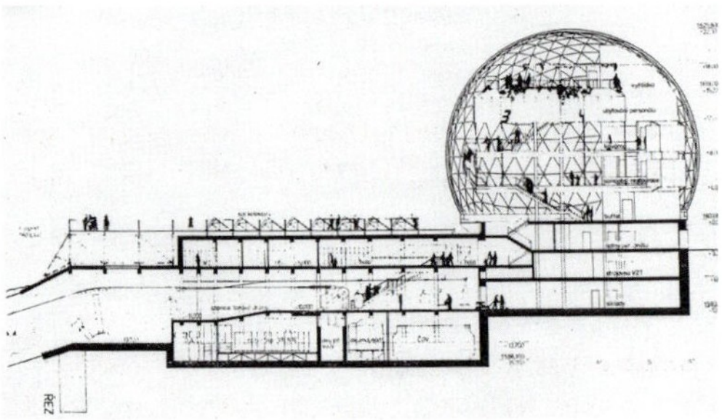

Řez Českou boudou na Sněžce (Vokáč, Zavřel ad., 1975)
Cross-section of the "Czech Chalet" (Česká bouda) on Mt. Sněžka (Vokáč, Zavřel et al., 1975)

Model České boudy na Sněžce
Model of the Czech Chalet on Mt. Sněžka

silně ovlivněni konstrukcemi geodetických kupolí Buckminstera Fullera, naší ambicí bylo vytvořit komplex na vyšší úrovni, než byla stavba Ještědu. Samonosný polyuretanový plášť opřený o vnitřní ocelovou konstrukci měl dovolit rychlou montáž a kombinaci konečné stanice lanovky s ubytováním. Bohužel, projekt postrádal zásadní podporu „strany a vlády", na rozdíl od obchodních domů, lépe zapadajících do ideologického normalizačního guláše. Neuskutečnitelné se tedy nestalo skutkem.

even in often harsh climactic conditions. For the first time, we had to confront the problem of a fully autonomous built structure, and even worse, with unusually difficult conditions for its construction. We were strongly influenced by the structure of Buckminster Fuller's geodesic domes, and our ambition was to create a complex on an even higher level than Hubáček's great achievement, the tower atop Mt.Ještěd. A self-supporting polyurethane envelope resting on an inner steel framework would have allowed for rapid assembly and a function combining the final station of the cable-car with hotel accommodations. Unfortunately, the project lacked strong support from the "powers that be", unlike the common assignment of department stores, better fitting into the amorphous ideology of the time.
The unrealisable, in short, was never realised.

Česká bouda na Sněžce včetně stanice lanovky a heliportu
The Czech Chalet on Mt. Sněžka, with the funicular station and heliport

Architekti Karel Hubáček, Jaromír Syrovátko, Miroslav Masák
Architects Karel Hubáček, Jaromír Syrovátko, Miroslav Masák

Zapomenutá elita
The Forgotten Elite

Předchozí odstavce zmiňují roli dvou architektů – Karla Hubáčka a Miroslava Masáka – z mého pohledu začínajícího architekta. V těchto vzpomínkách jim musí patřit jakýsi dvojportrét, protože jeden by bez druhého nemohli dosáhnout ničeho, byť se věkem i charakterem lišili. Velmi obtížné ve srovnání s osudem západoevropské architektonické elity, jejíž pozice byla založena na myšlenkové i materiální kontinuitě a společenském i akademickém uznání. Všechno, co udělalo z Jaapa Bakemy světovou hvězdu, nebylo těmto dvěma dopřáno.
Osud Karla Hubáčka, člověka, který svým projektem Ještědu nejen změnil podobu Liberecka, ale velmi významně a pozitivně zasáhl do životů mladší generace, si zaslouží detailnější pohled. Protože se narodil v roce 1924, do jeho rozhodování o volbě povolání vpadla druhá světová válka. Byl nuceně nasazen do válečného zázemí někde poblíž Berlína (Berndorf). Po válce dohání studium architektury na ČVUT, které završuje na konci čtyřicátých let. Začíná pracovat v Liberci, na přelomu padesátých a šedesátých let staví v okolním kraji (kino v Doksech, Kulturní dům v Semilech). Stává se vedoucím ateliéru v libereckém Stavoprojektu. Podílí se na stavbách pro Liberecké výstavní trhy. Milníkem v jeho tvorbě je vyhraná

The previous paragraph mentions the role of two architects – Karel Hubáček and Miroslav Masák – from my standpoint as a novice to the profession. By rights, this memoir needs to present them as a kind of double portrait, since without the other neither architect would have achieved what he did, however much they diverged in age or personality. Further, it is hard to compare their fates with those of Western Europe's architects of similar gifts, whose position was reinforced by intellectual and material continuity as well as social and academic recognition.
All that made Jaap Bakema an international star was something that fate denied them.
The life of Karel Hubáček, who changed not only the entire appearance of the Liberec region with his Ještěd tower but significantly (and positively) intervened in the lives of younger generations, demands a far more detailed recounting than I can give here. Since he was born in 1924, his decision on a profession was sharply altered by the impact of World War II: he was made a forced labourer for the Nazi war machine in the village of Berndorf not far from Berlin. After the war's end, he rapidly completed his studies in architecture at the ČVUT, managing to graduate at the end of the 1940s. He started working in Liberec, with his first realisations from the late 1950s and early 1960s in regional towns (the cinema in Doksy, the House of Culture in Semily).

Miroslav Masák, ředitel Stavoprojektu, Karel Hubáček
Miroslav Masák, head of Stavoprojekt, Karel Hubáček

soutěž na nové řešení vrcholu Ještědu [1963]. A rozhodně jeho pozici ve městě nelze soudit jen podle dokončených staveb. V roce 1968 zakládá společně s Miroslavem Masákem SIAL [Sdružení inženýrů a architektů Liberec]: pokus o moderní architektonickou kancelář, která je schopná zpracovávat komplexní stavbu včetně statiky a všech profesí. Projekt televizního vysílače a hotelu na Ještědu, jehož stavba je dokončena v roce 1973, je už v roce 1969 oceněn Perretovou cenou, již uděluje Mezinárodní unie architektů. Uskutečňuje vodárenskou a meteorologickou věž v Praze, pracuje na stavbě Obchodního centra Ještěd v centru Liberce. Svou kariéru uzavírá Koncertním domem v Teplicích a Divadlem DAMU v Karlově ulici v Praze. V devadesátých letech se spolupodílí se na založení Fakulty architektury v Liberci. Na konci života těžce onemocní, umírá v roce 2008. Inteligentní a tolerantní vůdce. Duší sociální demokrat, který se nebojí a nedokáže lhát ani krást.

After becoming an atelier head in the Liberec branch of Stavoprojekt, he assisted in the construction of the Liberec trade-fair grounds. The great breakthrough in his career came with the winning of the competition for the new structure atop the peak of Mt.Ještěd[1965]. And most certainly, his position in the city cannot be judged only on the grounds of the buildings he completed. In 1968, he and Miroslav Masák created SIAL [Sdružení inženýrů a architektů Liberec – Liberec Association of Engineers and Architects]: an attempt at founding a modern architectural office capable of preparing complex building assignments including structural engineering and all ancillary professions. The design for the television transmitter and hotel on Ještěd, though only completed in 1973, was awarded the Perret Prize by the International Union of Architects already in 1969. He also completed the Prague hydrological-meteorological tower, assisted with the now-demolished Ještěd shopping complex in the centre of Liberec, and ended his career with the concert hall in Teplice and the theatre of the Dramatic Arts Academy [Divadlo DAMU] in Karlova ulice in Prague. In the 1990s, he assisted in the creation of the Faculty of Architecture at the technical university in Liberec; unfortunately, his final years were marked with severe illness until his death in 2008. An intelligent and tolerant leader in his profession; personally, a thoroughly Masarykian social democrat, without fear and incapable of lying or stealing.
Miroslav Masák [b. 1932] is in many respects his opposite counterpart, the two men complementing each other perfectly. Highly competitive – in his youth a basketball champion and would have preferred to have studied acting instead. Able to unravel the most vexed situations, a "smooth

„Pan šéf…"
"Our boss…"

Miroslav Masák [narozen 1932] je v mnoha věcech jeho protipólem, výborně se doplňují. Je ambiciózní, v mládí špičkový házenkář, raději by se byl stal hercem. Dokáže rozplést nejsložitější situace, „vyzná se v tlačenici". Nerad ale bere zodpovědnost za jiné, je spíš sólista. Principiálně nesouhlasí s komunistickým pohledem na svět, zažil zblízka, v centru Prahy, únorový převrat v osmačtyřicátém. Vystudoval architekturu v Praze v době „sorely", praxi začíná v Karlových Varech, kam nastupuje na umístěnku, ke konci padesátých let se stěhuje do Liberce. Relativně liberální městské klima v tomto přírodou obklopeném městě ho přivádí k obdivu ke skandinávskému modelu města v přírodě. Navrhuje pavilony pro Liberecké výstavní trhy a romantické Relaxační lázně do Teplic. V polovině šedesátých let se podílí na přípravě a realizaci Mezinárodního symposia v Liberci *Socha a město*, v němž se účastníci pokoušejí najít novou formuli pro rozpadající se části městského centra. Podílí se aktivně na organizaci odporu proti ruské okupaci v srpnu 1969 z liberecké radnice za účasti Václava Havla a dalších. Prosazuje myšlenku Školky SIALu a je v první fázi jejím hlavním organizátorem. Mnoha cvičení Školky se zúčastňuje vlastními návrhy. Spolu s Johnem Eislerem a Martinem Rajnišem navrhuje Obchodní dům Máj, který je dokončen v roce 1975. Následně vede projekt rekonstrukce Veletržního paláce pro Národní galerii. Po listopadu 1989 se stává poradcem prezidenta Václava Havla, je zodpovědný za první přestavby Pražského hradu. Velkorysé rozšíření hradního areálu do zahrad za Jízdárnou, které se zdálo na dosah ruky, se mu bohužel nepodařilo pro-

operator" in personal networking. But without much desire to take responsibility for others; more of a natural soloist. A deep and principled opponent of the Communist worldview, having seen up close, right in the centre of Prague, the Communist coup in February 1948. His architectural studies were completed in Prague at the height of Socialist Realism and his start in practice took place in Karlovy Vary as a mandatory assignment; he moved to Liberec at the end of the 1950s. The relatively liberal climate of the city and its natural surroundings among forests and mountains led him to admire the Scandinavian model of the city in nature. His first designs included pavilions for the Liberec fairgrounds and the romantic "Relaxation Baths" in Teplice. In the mid-1960s he assisted in the preparation and realisation of an international symposium in Liberec, *The Sculpture and the City*, in which the participants worked to find a new formula for decaying areas of urban centres. And no less of an active role was assumed in organising the resistance to the Soviet occupation in August 1969 at the Liberec city hall, alongside Václav Havel and other dissidents. He was the great proponent of the idea of the SIAL Kindergarten and in its initial phase was its chief organiser. Many exercises in the Kindergarten included his own designs alongside the others.
With John Eisler and Martin Rajniš, he designed the Prague department store Máj, in 1975. Afterwards, he headed the project for the reconstruction of the interwar Trade Fair Palace [Veletržní palác] for the Czech National Gallery. When Communist rule ended in November 1989, he served as an advisor to Václav Havel, now president, taking charge of the first restoration work in Prague Castle. Alas, the ambitious enlargement of the castle complex to

sadit. Po skončení činnosti na Hradě učí na Fakultě architektury v Brně, je jmenován profesorem a podílí se na aktivitách České komory architektů, publikuje široce pojaté vlastní vzpomínky *Tak nějak to bylo*.

Poválečný osud Československa se výrazně promítl do života těchto dvou mimořádně schopných lidí. Cílená šikana a pronásledování jim nedovolilo uplatnit naplno svůj talent. Přesto díky své inteligenci a houževnatosti i v podmínkách omezené svobody dokázali výrazně ovlivnit českou architekturu a přispět k jejímu společenskému uznání.

Díky za to, že jsem se s nimi mohl potkat.

include the gardens past the Riding School, seemingly a certainty, was an aim he could never accomplish. After leaving his post at the Castle, he taught at the architecture faculty in Brno, was appointed a full professor, and assisted in the activities of the Czech Chamber of Architects. He has published his own wide-ranging memoir, under the title *"Tak nějak to bylo"* [It Was Something Like That].

The post-war fate of Czechoslovakia had a deep imprint on the lives of these two people of exceptional talent. Targeted harassment and persecution prevented them from the full application of their great abilities. Yet all the same, through their intelligence and their resolve, they were able even in conditions of greatly limited freedom to influence Czech architecture for the better and contribute to its public recognition.

I will always be thankful that I had the chance to know them.

DRUHÝ ŽIVOT
Second Life

Rotterdamský přístav
Rotterdam Port

Model vítězného návrhu Passive Solar Competition (Jiskrová, Zavřel, 1981)
Model of the winning entry in the Passive Solar Competition (Jiskrová, Zavřel, 1981)

Zoufalství a naděje
Despair and Hope

Paralelní realita, kterou jsme zažívali ve Školce SIALu na Jedlové, vydržela několik let, ale postupně se pod tlakem pokračující normalizace začínala rozpadat. Reálné úkoly pomalu převažovaly nad počátečními ideálními studiemi, a tím jsme se dostávali do většího kontaktu se „znormalizovaným" okolím. Párkrát jsme byli vyslýcháni StB kvůli spojení Jedlové s Václavem Havlem. Politická deprese dosáhla koncem sedmdesátých let na dno, vedla k polarizaci: hudebníci, novináři a spisovatelé byli dohnáni k tvrdým postojům, za které následovaly ještě tvrdší represe. Sympatizovali jsme sice s disidenty, ale nepodepisovali jsme jejich radikální prohlášení, protože existence zbytku SIALu by tím byla evidentně ohrožena. Za této bezvýchodné atmosféry jsem dostal dopis od starého přítele ze studentské doby z Nizozemska Jelle Hooglanda, kterým mě zval jako svědka na svou svatbu v Haarlemu. Pro jistotu notářsky ověřeno. Rozhodnutí padlo okamžitě. Pokud se nám s Helenou a dětmi podaří vycestovat, tak jedeme! Zašel jsem za Hubáčkem se poradit. Souhlasil se mnou a řekl: „Kdybych byl stejně starý jako ty, šel bych taky..." Během dramatického víkendu jsme zlikvidovali pražskou domácnost, rozdali knihy a předali klíče od bytu v Náprstkově ulici Emilu Přikrylovi. Odlétali jsme

The parallel reality that we experienced in the SIAL Kindergarten in the old inn "Na Jedlové" was maintained for a few more years, yet slowly it began, under the pressure of the crackdown termed "normalisation", to come apart. Assigned tasks slowly overwhelmed the initial ideal studies, thus bringing us into ever-tighter contact with the "normalised" outside world. A few times we were interrogated by the secret police because of our connection with Václav Havel. By the end of the Seventies, the political depression had hit rock bottom, imposing on everyone a sharp polarisation: musicians, journalists, writers were forced into taking harshly defined positions on one side or the other, and in the event of opposition met with even harsher repression. Our sympathies lay with the dissidents, but we never signed any of their political declarations, since this would have posed an immediate threat to what remained of SIAL.
Amidst this atmosphere of despair, I received a letter from an old friend of mine from my student days in the Netherlands, Jelle Hoogland, who invited me to serve as best man at his wedding in Haarlem. And, for certainty's sake, the invitation came with a notary verification. The decision was made instantly: if Helena and the children and I could all leave together, we certainly would!
I went to Hubáček for advice. He agreed with me, saying "If I were your age, I'd go too..." During a single dramatic weekend, we

v pondělí 2. října 1978 v zimních kabátech se dvěma dětmi letadlem KLM: teprve na palubě jsem tomu začal věřit – jiný život!
Poměry v normalizované zemi samozřejmě nedovolovaly někoho v Nizozemsku předem připravit na náš příjezd. Spadli jsme „rovnýma nohama" do situace, kterou jsme si předem neuměli představit. Koncem sedmdesátých let už nikdo o příchozí z východní Evropy nestál, nizozemský státní aparát začínal připravovat tvrdé antiemigrační programy. Na vlastní kůži jsme je mnohokrát pocítili.
Den po příjezdu jsem zavolal Bakemovi, přijal mě okamžitě, pochopil a jeho první jeho dotaz byl: „Určitě potřebuješ práci?" Načež následovala odpověď, že hned zítra můžu začít! Díky této velkorysosti byl náš začátek i přes administrativní překážky mnohem snadnější.
Od mé studentské stáže před téměř desíti léty se mnoho změnilo. Jaap Bakema byl starý, nemocný člověk, v roce 1974 ho zasáhla srdeční mrtvice, ze které se obtížně zotavoval. Ani výjimečné osobnosti nedisponují nekonečnou energií. Jeho partner Van den Broek mezitím zemřel. Kancelář byla fakticky v rukou pěti partnerů, kteří se v mnoha věcech neuměli dohodnout.
Nastoupil jsem do skupiny jednoho z nich – J. M. Stokly, která se zabývala návrhem bytovky. To, čemu jsme se v Čechách velkým obloukem vyhýbali, se teď stalo mým chlebem. Vyzbrojen naprosto nedostatečnou znalostí této disciplíny jsem byl postaven před úkol navrhnout část předměstské čtvrti Beverwaard; rozšiřování Rotterdamu se tehdy ještě odehrávalo v polích těsně za městem. Stokla byl starší zkušený architekt, který byl de facto autorem

disposed of our entire household effects in Prague, gave our books away and handed the keys to our Old Town flat inNáprstkovaulice to Emil Přikryl. On Monday, 2 October 1978, we boarded the KLM flight with our children and only our winter coats; it was only once we were inside the aircraft that I began to believe it was true – a new life!
Of course, the situation in occupied and "normalised" Czechoslovakia ensured that we could not prepare anyone in the Netherlands for our arrival. We landed, essentially, feet-first in a situation that we couldn't have imagined beforehand. At the end of the 1970s, no one was greeting new arrivals from Eastern Europe with enthusiasm, while the Dutch government was starting to prepare harsh anti-immigrant measures. This was something that we all encountered in person many times.
Still, the very day after our arrival I called Bakema, who invited me to see him straight away; he understood everything and his first question was: "Certainly you'll need a job?" After which he answered himself – that I could start the very next day! Thanks to his generosity, our start in the Netherlands was, despite all the administrative barriers, much easier.
Much had changed, though, since my student internship nearly a decade before. Jaap Bakema was now old and ailing; he had suffered a heart attack and his recovery was particularly difficult. Not even exceptional personalities have infinite reserves of energy. His partner Van den Broek, meanwhile, had already died. The office was now essentially in the hands of its five partners, who could not agree on many important points.
I joined the group of one of them, J. M. Stokla, which was charged with the design of housing projects. A field that we in SIAL had gone well out of our way to avoid was now my daily bread. Equipped with a vast ignorance of this

berlínského věžového domu v Hansaviertel z roku 1957. Dům, který tehdy navrhl, je dodnes jedním z nejlepších příspěvků do registru poválečného masového bydlení; složitý „puzzle" založený na mezonetových bytech dle principu „split-level". Na stejném principu postavila kancelář řadu projektů v Nizozemsku a tento typ domu byl i součástí Bakemových velkých urbanistických plánů. Stokla byl tedy správným učitelem, milovníkem jednoduchých, „čistých" půdorysů a mondrianovských fasád; mnohému jsem se od něj mohl naučit.

Práce bylo dost, na přelomu sedmdesátých a osmdesátých let začínala nizozemská vláda rozvíjet obří program přestavby měst, zaměřený především na dělnické čtvrti z konce 19. století. Těžiště se přesouvalo z předměstských luk do složitých městských situací. Navíc pro úspěšnou realizaci přestaveb byla nutná spolupráce s místním obyvatelstvem; participace občanských iniciativ se stala hlavním motorem v levicovém Rotterdamu. Přímá účast obyvatel vedla i k podivuhodnému a velmi otevřenému výběru architektů pro nové úkoly.

Vedle práce v kanceláři mi Bakema zprostředkoval možnost učit na Fakultě architektury TU Delftu. Katedra, která se dodnes po něm nazývá, obhospodařuje široké téma obytné architektury a urbanismu. Byla to další nová zkušenost, která mi otevřela kontakt s nizozemským akademickým prostředím a navíc kontakt s generací mladých studentů architektury.

Práce ve velké architektonické kanceláři má své výhody a jistě mi hodně pomohla v začátku naší nové existence v cizině, ale bylo mi tam přece jen

discipline, I was confronted with the task of designing part of the suburban neighbourhood of Beverwaard; at the time, Rotterdam was still expanding out into the fields just outside the city. Stokla was an older architect with great experience, essentially the sole author of the firm's famous high-rise apartment block in the Hansaviertel of West Berlin from 1957. Even now, this building is one of the greatest contributions to the register of post-war European mass housing: a complex "puzzle" assembled from two-storey flats designed on the split-level format. Using the same principle, the studio completed many other assignments in the Netherlands, and this apartment typology formed part of Bakema's large-scale urban plans. Stokla was, as it turned out, the right teacher; a lover of simple "clean" floor plans and Mondrian-influenced facades – and there was much I could learn from him.

There was plenty of work. At the end of the 1970s and into the following decade, the Dutch government launched an enormous program of urban renewal, now focusing primarily on workers' suburbs from the end of the 19th century. The focus of attention shifted from suburban fields to highly complex urban situations. Additionally, for successful realisation of the rebuilding programs it was necessary to win cooperation from the local residents; in traditionally left-wing Rotterdam, the key driving force was the participation of civic initiatives. This direct involvement of the future inhabitants led to a surprising and highly open selection of architects for the new tasks.

In addition to work in the studio, Bakema also arranged for me a chance to teach at the Faculty of Architecture at the TU Delft. The specific department, which is named after him, addresses wide-ranging themes of residential architecture and urban planning. This was

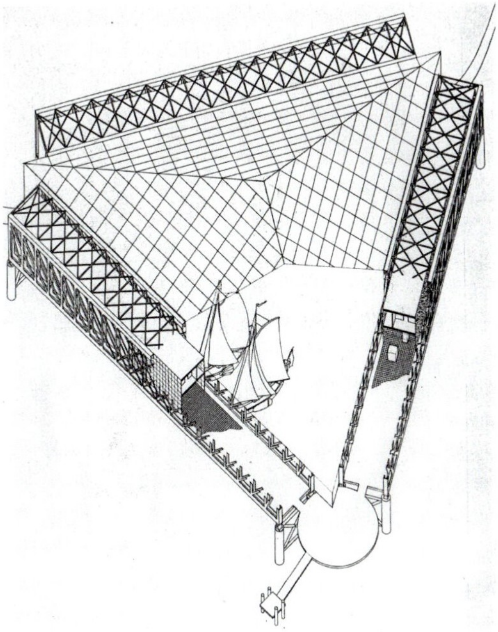

Návrh Maritiem Museum z dílů příhradového mostu u Noordereilandu (Jiskrová, Zavřel, 1981)
Design for Rotterdam's Maritiem Museum using sections of girders from the Noordereiland bridge (Jiskrová, Zavřel, 1981)

těsno. Zkoušel jsem vedle každodenní práce hledat i vlastní nezávislost. Spolu s Helenou Jiskrovou jsme se v roce 1980 zúčastnili nově vypsané evropské soutěže na využití solární energie v architektuře. V kategorii „renovace" jsme si vybrali velký rotterdamský bytový dům z konce padesátých let s možností aplikace solárních technologií. Spolupracovali jsme s mladou stavební fyzičkou Els Sonnemans, která nám pomohla s potřebnými výpočty. Helena vyrobila detailní (sialovský) model. Energie vložená do projektu přinesla úspěch! Dostali jsme zprávu, že si máme přijet do Cannes vyzvednout první cenu ve zvolené kategorii! Příchod na předání ceny po červeném koberci do festivalového kina byl nejen

another new experience, opening for me contacts with the Dutch academic world and, more significantly, contact with the new generation of young architecture students. Work in a large architecture firm has its advantages and definitely helped me greatly at the start of our new existence in emigration, yet all the same it felt confining. In addition to my daily work, I tried to find opportunities for my own independence. And so, Helena Jiskrová and I decided in 1980 to enter the newly opened European competition for the use of solar energy in architecture. Choosing the category "renovation", we selected a large Rotterdam apartment block from the late 1950s that had potential for application of solar technologies. We were joined by a young building physics expert Els Sonnemans, who helped us with the necessary calculations. Helena worked on the precisely detailed model, fully matching the traditions of SIAL. The energy expended in the project brought forth success: we suddenly received a message asking us to come to Cannes to receive the first prize in our category! Arriving at the awards ceremony, along the red carpet leading to the world-famous festival auditorium, was not only recompense for the invested work, but one of the brightest points in our early emigration years. We were also congratulated at the ceremony by the prominent Rotterdam architect E. F. Groosman, through whose efforts our success was soon announced in the most prestigious Dutch newspapers. Through this, we had the chance to meet the wider local "solar community".
Not long after, we entered the public debate over the solution for the traffic problems in central Rotterdam. The rail line connecting the southern and northern sections of the city had been proposed as a new tunnel,

odměnou za vykonanou práci, ale i světlým bodem v našich emigračních začátcích. Byli jsme na místě povzbuzeni známým rotterdamským architektem E. F. Groosmanem, jehož přispěním byl náš úspěch rychle publikován v seriózních nizozemských novinách. Díky tomu jsme se seznámili se zdejší „solární komunitou".
Nedlouho poté jsme se zapletli do veřejné debaty o řešení dopravního problému v centru Rotterdamu. Vlakové propojení jižní a severní části města bylo navrženo novým tunelem a díky němu mohl být odstraněn provizorní poválečný příhradový most ve stejném místě. Veřejná debata se týkala nového využití starého mostu. Navrhli jsme použít mostní díly pro nový areál Námořního muzea (Maritiem Museum), umístěného na prominentním místě v rotterdamském přístavu. Ani jsme netušili, že návrh na muzeum už byl zadán jednomu z předních místních architektů Wimu Quistovi. Ten se cítil naším nápadem zaskočen, hlavně proto, že rozpočet na jeho projekt měl být teprve schválen městskou radou. Místním novinářům se náš návrh zalíbil a publikovali ho před rozhodujícím zasedáním městské rady. Ve stejné chvíli se obdobným problémem začal zabývat Rem Koolhaas, jehož nová kancelář OMA (Office of Metropolitan Architecture) se rozbíhala od roku 1978 v centru Rotterdamu. Vznikla tím kuriózní situace, kdy ve výloze známého místního knihkupectví byly vystaveny vedle sebe oba návrhy. Vycházející hvězda se inspirovala ruskými konstruktivisty, navrhovala naopak jednu část mostu sklopit do svislé podoby jako samostatný monument. Po vzrušené debatě o přednostech obou návrhů nakonec

Návrh Maritiem Museum z dílů příhradového mostu u Noordereilandu (Jiskrová, Zavřel, 1981)
Design for Rotterdam's Maritiem Museum using sections of girders from the Noordereiland bridge (Jiskrová, Zavřel, 1981)

allowing for the removal of the temporary post-war girder bridge on the same site. This discussion concerned the new use for the old bridge. Our idea was to use the bridge sections for the new complex of the Maritime Museum (*Maritiem Museum*), occupying a highly exposed position in the Rotterdam port. We could hardly have known that the design for the museum had already been commissioned from one of the city's leading architects, Wim Quist. He felt unpleasantly surprised by our idea, largely because the budget for his project was just about to be approved by the city council. The local journalists, though, were greatly taken with our idea and published it just before the council meeting in which the decision would be made. Right at the same time, the same problem began to be addressed by Rem Koolhaas, whose new studio OMA (Office of Metropolitan Architecture) had been opened in 1978 in central Rotterdam. The result was a curious situation in which one of Rotterdam's major bookstores displayed both designs side by side in its display window. The rapidly rising superstar Koolhaas took inspiration from the Russian

skončil most ve šrotu. S Koolhaasem jsem se potom několikrát setkal osobně, hledal lidi do své začínající kanceláře. Pocházel z rodiny známého nizozemského spisovatele a od mládí měl pověst talentovaného intelektuála, který dokázal ostře formulovat aktualitu. Pracovat ale pod tímhle superinteligentním sebestředným neurotikem jsem si neuměl představit.
Spojení se starými kamarády ze SIALu nebylo úplně přerušeno. Sledovali jsme jejich další dramatické příběhy. Po našem odjezdu prchal přes Jugoslávii v kufru auta se ženou a dítětem náš kolega Dalibor Vokáč. Nakonec zakotvil v Torontu v Kanadě. Nejprve našel místo ve velké kanceláři Crang & Boake, potom zakotvil v ateliéru Zeidler, Roberts Partnership/Architects. Jak bylo v amerických kancelářích zvykem, zasedl do poslední řady kresličů. Napadlo ho zúčastnit se mezinárodní soutěže na La Grande Arche [Velký oblouk] ve čtvrti La Défense v Paříži. Jeho šéfové mu dovolili, aby na soutěži po večerech pracoval. Věnoval tomu všechnu nahromaděnou energii, která v něm po příjezdu do Kanady byla. Vymyslel nádherné originální řešení a získal v mezinárodní soutěži, které se zúčastnilo víc než sedm stovek architektů, druhou cenu za vítězným návrhem dánského architekta Johana Otto von Spreckelsena. Odjeli jsme mu blahopřát do Paříže, kde se Dalibor marně pokoušel vysvětlit, že za úspěchem nestáli jeho dva kanadští šéfové, ale on sám.
Jinou zkušeností byla účast našich bývalých kolegů ze SIALu na výstavě IBA v Západním Berlíně. Byli pozváni k soutěži na území Tegeler Hafen a svým půvabným návrhem [John Eisler, Emil Přikryl, Martin Rajniš, Jiří Sucho-

Constructivists, proposing in contrast to our idea turning one section of the bridge vertically to form an independent monument. After passionate debates over the advantages of both designs, it was eventually decided to use the bridge remnants merely for scrap. Later, I met personally with Koolhaas on several occasions, since he was looking for co-workers for his growing studio. The son of a famous Dutch author, he had since his earliest years gained the reputation of a talented intellectual able to formulate the latest insights with sharp immediacy. Still, working under such a super-intelligent, self-centred neurotic was something I couldn't imagine.
The connection to my old friends from SIAL was never completely severed: we had the chance to observe their own further dramatic stories. After our emigration, our former colleague Dalibor Vokáč fled via Yugoslavia, hidden in the trunk of a car with his wife and child. Eventually, he made his way to Canada and settled in Toronto, first holding a job in the large firm Crang & Boake before joining the studio Zeidler, Roberts Partnership/Architects. In traditional North American practice, he was assigned to the lowest level of drafting work. However, he had the idea of joining the international competition for La Grande Arche in the new district of La Défense in Paris, and his employers allowed him to work on the design entry in the evening hours. He devoted to this design all the accumulated energy he had since his arrival in Canada, thought up a wonderful and highly original design, and in the international competition with entries from over seven hundred architects, won second prize, after the winning entry by the Danish architect Johan Otto von Spreckelsen. We travelled to Paris to congratulate him, where Dalibor tried in vain to convince the

mel, Michal Brix) získali druhou cenu! V porotě zasedali Richard Meier, Rem Koolhaas a další osobnosti. Letěli jsme jim do Berlína blahopřát. Pamatuji si na mizerný pocit u žaludku, když jsme přistávali v obklíčeném městě těsně nad východoněmeckými trabanty a wartburgy na opačné straně berlínské zdi. Zanedlouho poté jsme se společně zúčastnili velké soutěže na Operu de la Bastille: Stavoprojekt a Van den Broek en Bakema. Neortodoxní návrh (Eisler, Přikryl) byl oceněn mezi osmi stovkami projektů jako jeden z mála „honorable mention"! Johnu Eislerovi se pak podařilo odjet z normalizovaného Československa do New Yorku, do Meierovy kanceláře.

commission that the credit for his success was not due to his two Canadian bosses but entirely to himself.

A different experience was the participation of our old colleagues from SIAL at the IBA exhibition in West Berlin. They had been invited to the competition for the Tegeler Hafen site and their charming design (Eisler, Přikryl, Rajniš, Suchomel, Brix) won second prize! The jury included Richard Meier, Rem Koolhaas and other major celebrities. We flew to Berlin to congratulate them; still, I will never forget the miserable feeling in my stomach as our plane flew into the encircled city, just above the Trabants and Wartburgs on the eastern side of the Berlin Wall. Not long afterward, our two offices jointly entered the major competition for Paris's Opera de la Bastille: Stavoprojekt and Van den Broek en Bakema. The unusual design (Eisler, Přikryl) received one of the few "honourable mentions" issued among the over eight hundred projects! John Eisler was later able to leave "normalised" Czechoslovakia for New York, joining Meier's studio.

Škola a komunitní centrum v Crooswijku (Zavřel, 1982)
School and community centre in Crooswijk (Zavřel, 1982)

Podivuhodné město Rotterdam
The Amazing City Rotterdam

Historie města velmi těsně souvisí s historií přístavu. Zvratem ve vývoji byl začátek druhé světové války, kdy se Nizozemsko snažilo podobně jako za první světové války zůstat neutrální. Hitler měl ale jiné plány a země byla zatažena do války hned po přepadení Polska a přesunem německých sil na západní frontu. Špatně vyzbrojená nizozemská armáda se několik dnů pokoušela bránit. Po rozkazu bombardování Rotterdamu v květnu 1940 se nizozemská samostatnost zhroutila, království bylo nuceno kapitulovat a noví mocipáni se stali Hitlerovými vazaly.
Střed Rotterdamu byl tehdy napaden zápalnými bombami a obytné domy v trojúhelníku vymezeném velkými kanály zcela vyhořel. Zahynulo přes dva tisíce lidí. Město se proměnilo v ruiny. Zůstala stát jen poškozená kamenná radnice, katedrála a pošta.
Ještě za okupace místní urbanisté, které vedl hlavní architekt Cornelis van Traa, připravili návrh změnit historickou osnovu centra na jednoduchý rastr mnohem většího měřítka. Majitelé původních pozemků dostali v novém plánu možnost najít přiměřenou náhradu. Tato radikální změna napomohla rychlému poválečnému rozvoji a novému dopravnímu schématu. Uprostřed prázdného centra vyrostla hned na začátku padesátých let obchodní ulice

Rotterdam's history as a city is closely bound to the history of its port. The great shift in its fortunes came at the start of World War II, in which the Netherlands hoped, as during the first conflict, to remain neutral. Hitler, though, had other plans and the nation was drawn into war immediately after the attack on Poland and the shifting of German forces to the Western front. The ill-equipped Dutch army held them off for several days, yet after the order to bomb Rotterdam in May 1940, the independence forces collapsed; the kingdom was forced into capitulation and Hitler's vassals became the new rulers.
The centre of Rotterdam was attacked with incendiary bombs, so that the residential buildings inside the triangle outlined by the large canals were completely burned to the ground. Over two thousand civilians were killed. The city was left in rubble; the only structures were standing were the severely damaged stone city hall, the cathedral, and the main post office.
Even under the German occupation, a Dutch team headed by the Rotterdam chief architect, Cornelis van Traa, prepared a proposal to change the historic street plan of the centre into a simplified grid on a much larger scale. Owners of the original plots were directly granted the possibility of proportional compensation. This radical change assisted the city in its rapid growth after 1945 and its new transport scheme.

Škola a komunitní centrum v Crooswijku (Zavřel, 1982)
School and community centre in Crooswijk (Zavřel, 1982)

Lijnbaan, založená na funkcionalistickém schématu obytných desek a samostatných obchodních a kulturních funkcí. Vyplňování zničeného středu zaměstnávalo architekty a urbanisty až do konce šedesátých let, obrovský stavební objem v pravoúhlém rastru nahradil původní historickou síť ulic. Ke zvratu došlo teprve na začátku sedmdesátých let, kdy obří modernistické stavby a především rozsáhlá dopravní řešení v centru vyvolaly odpor veřejnosti.
Architekti z mladší generace a studenti z TU Delftu navrhli změny plánů, preferovali menší měřítko a respektování zbývající původní zástavby. Navíc chtěli pozornost zaměřit na přestavby děl-

Right at the start of the 1950s, the empty city centre saw the construction of the Lijnbaan, a commercial street grounded in a Functionalist plan of residential slab blocks and freestanding volumes for retail and cultural functions. Filling in the war-ravaged city centre occupied the city's architects and planners up until the end of the 1960s, with an enormous volume of construction in the right-angled grid plan replacing the original historic street network. A shift away from this model arrived only at the start of the 1970s, when giant modernist buildings and even more the extensive transportation infrastructure in the centre began to spark opposition from the public.
Architects from the younger generation and students from the TU Delft began proposing changes to the city plans, preferring a smaller scale and respect for the remnants of earlier construction. Even more, they wanted to turn attention to the rebuilding of old workers' neighbourhoods to ensure that the residential character was preserved even after most of the original residents had been replaced by newly arriving "gastarbeiter". Similar situations in all larger Dutch cities gave rise to the national plan of *"stadsvernieuwing"* – urban renewal with massive investments made in reconstructing existing urban areas.
In consequence, what happened in Rotterdam was a mixing of two traditions: the tradition of the "red city" with a strong Social Democratic government, along with the tradition of the city as a laboratory of modern architecture. Many examples can be cited of both: icons of modernism like the Van Nelle factory and many other prominent landmarks on one side, and on the other the attempts at compact residential blocks, such as those in Spangen or Tussendijken, already familiar to the Czech scene from Karel

nických čtvrtí tak, aby obytný charakter zůstal zachován i poté, kdy velká část původních obyvatel byla nahrazována příchozími „gastarbeitery". Podobná situace ve všech velkých nizozemských městech vedla k vládnímu plánu *stadsvernieuwing* – rekonstrukci města vedoucí k obrovským investicím do přestaveb existujících čtvrtí.

V Rotterdamu tak došlo ke smíchání dvou tradic: tradice „rudého" města se silnou sociálně demokratickou vládou a zároveň tradice města jako laboratoře moderní architektury. Obojí je možno doložit řadou příkladů. Ikony moderní architektury jako továrna Van Nelle a mnoho dalších výrazných staveb na jedné straně a pokusy o kompaktní obytné bloky na straně druhé, kupříkladu ve Spangen nebo Tussendijken, o kterých už psal Karel Teige ve *Stavbě* ve třicátých letech jako o příkladech typologie kompaktního urbanismu.

Tato tradice moderního města v širším slova smyslu se stala od sedmdesátých let základem velké kulturní ofenzívy, podporované jak vedením města, tak i obyvateli a v neposlední řadě i místní elitou. Ve městě začaly být organizovány nejrůznější kulturní akce, architektonická bienále, filmový festival, nové lokální radiové stanice, manifestace různých národních kultur. Rotterdam začal skutečně žít a přitahovat mladé lidi z provincií. Do tohoto obrázku zapadala i architektonická činnost: byly vypisovány nové soutěže na důležité budovy, organizace přestaveb byla vedena v konkurenčním prostředí, kdy se každá čtvrť snažila připoutat pozornost atraktivní architekturou. Ve městě vznikaly nové architektonické kanceláře a umělecké spolky. Není náhodou, že tu v roce 1978 začínal i Rem

Teige's descriptions in the journal *Stavba* in the 1930s as exemplary instances of a social housing typology.

This tradition of a modern city in the widest sense of the term became the basis from the 1970s onward for a major cultural offensive, supported not only by the city government but by the wider public and no less by its cultural elite. A wide range of cultural events were organised, an architecture biennale, an international Film festival, new local radio stations, manifestations of various immigrant cultures. Rotterdam truly came to life and began attracting young people from the provinces. Nor was architectural activity left out of the picture: competitions were held for important buildings, the organisation of urban renewal was managed as a kind of rivalry with each neighbourhood working to win attention through interesting architecture. New architectural studios and artistic associations were formed. It was no accident that Rotterdam was chosen by Rem Koolhaas in the start of his previously mentioned OMA, though he himself had grown up in Amsterdam.

Opportunities were plentiful, especially after the city council decided in favour of expanding the city centre into the old docklands on the opposite side of the river. The first plans were drawn up by international architects: Aldo Rossi, Oswald Mathias Ungers and others. Symposiums and discussions were organised on how to work with them further. This radical aim of expanding the centre was conditional on the financial support of the national government. With the completion of the new suspension bridge "De Zwaan" and several important buildings to serve as strong initiatory points, construction began of entirely new neighbourhoods on the gigantic area of the former docks, utterly changing the

Koolhaas se zmíněnou OMA, ačkoliv sám pochází z Amsterdamu. Příležitostí bylo mnoho, zejména poté, kdy městská rada rozhodla o rozšíření městského centra do starých přístavů na druhé straně řeky. První návrhy kreslili světoví architekti: Aldo Rossi, Oswald Mathias Ungers a další. Byla pořádána sympozia a debaty o způsobu dalšího rozpracování. Radikální záměr rozšíření centra byl podmíněn finanční účastí státu. Díky stavbě nového lanového mostu „De Zwaan" a několika důležitých budov, které se stávají silnými iniciačními body, byla odstartována výstavba nových čtvrtí na obrovské ploše historických přístavů, která změnila tvář města a jeho vztah k velké řece.
Ve městě dnes žije kolem sto třiceti různých národností, Rotterdam se stává evropským „melting potem" – symbolem této doby je improvizovaná přestavba centrály Holland America Line na populární hotel New York.

appearance of the city and its relationship to the broad river.
Today, representatives of around 130 different nationalities live in the city: Rotterdam in these days was becoming a true European "melting pot" – symbolised in the era by the improvised reconstruction of the offices of the Holland America Line into the popular Hotel New York.

Škola a komunitní centrum v Crooswijku (Zavřel, 1982)
School and community centre in Crooswijk (Zavřel, 1982)

1

2

1 Zahájení činnosti firmy Bakema Zavrel Architecten bv.
Announcement by launching of the firm Bakema Zavrel Architecten bv.

2 Jeden z prvních bytových projektů v Rotterdamu (ABP, 1990)
One of the first apartment projects in Rotterdam (ABP, 1990)

Na vlastních nohou
On My Own Two Feet

Ovzduší ve městě bylo elektrizující. Během práce ve velké kanceláři jsem měl příležitost se sblížit s Erikem Bakemou, synem zemřelého šéfa, který sice s kanceláří spolupracoval, ale nikdy v ní nenašel pevné místo tak, jak by si jeho otec určitě přál. Mně sice partneři nabízeli povýšení, ale neuměl jsem si dost dobře představit svou budoucnost v hierarchii tak velké kanceláře.
Po šesti letech zaučování jsme se společně rozhodli, že „to" zkusíme společně. Erik se studiem architektury sice kdysi začal, ale nikdy ho úplně nedokončil. Zajímala ho víc obecní politika, byl v té době členem městské rady v Rotterdamu. Aktivně se podílel na rozběhu přestavby města, měl velký kredit u místních akčních skupin. Navíc vlastnil malý rohový dům na okraji Kralingenu, jedné z lepších městských čtvrtí.
Dohodli jsme se, že začneme 1. ledna 1985 a tak se stalo. Seděli jsme v přízemním obchůdku na rohu úzké ulice, Erik, já a jeho pes...
Jsme evidentně ve správnou chvíli na správném místě. Kupodivu se objevují i první zakázky. Díky úplně otevřeným selekcím architektů nám stačí dostat se na předběžný seznam možných kandidátů a tím se otevírá možnost zajímavou prezentací občanskou participaci přesvědčit, že jsme ti nejlepší. Párkrát

The atmosphere in the city was electrifying. During my work in the large studio, I had had the chance to become friends with Erik Bakema, the son of the now-deceased head, who cooperated with the firm but had never found within it the permanent position that his father had always wished. For my part, the partners had offered me a rise in status, but I could not really imagine my future in the hierarchy of such a large office.
After six years of learning, we decided together that we would give things a try together. Erik had started with the study of architecture at one point, but never managed to complete his degree. He was more interested in municipal politics, and at that time was a member of the Rotterdam city council. He had a significant role in launching the city's urban renewal programs, as well as maintaining great respect from local activist groups. Furthermore, he owned a small corner house at the edge of Kralingen, one of the city's most desirable neighbourhoods.
We agreed that we would start right on 1 January 1985 and so we did: sitting in the ground-floor storefront at the corner of the narrow street, Erik, myself, and his dog...
As it happened, we were in the right place at the right time. Strangely enough, the first commissions began to arrive. Thanks to the completely open selection of architects, we were able to get onto the preliminary list of possible candidates and hence were given the

za sebou se nám to podaří a pes už se do kanceláře nevejde. Namísto něho se objevují první spolupracovníci Cor a Marcel. Dlouho v tomhle provizoriu pracovat nemůžeme, už během roku se stěhujeme do opuštěných předválečných kanceláří v jednom z rotterdamských přístavů. Přidávají se k nám i někteří z bývalých spolupracovníků z velké kanceláře a vše nasvědčuje tomu, že si najdeme pevné místo ve společnosti místních architektů. Jsme zváni do vyzvaných soutěží, které jsou na denním pořádku, trochu se to rozkřiklo! K ohlasům přispívá i pozvánka ke spolupráci se „solární komunitou" s odkazem na úspěch v Cannes.
Jsem vyzván zúčastnit se práce v nizozemském týmu k práci pro IEA (International Energy Agency) Task XIII, který se zaměřuje na téma Bydlení budoucnosti. Zakázku organizuje vládní agentura NOVEM. Podílejí se na ní experti z oblasti energetiky, klimatu a architektury z mnoha zemí: Spojených států, Kanady, Japonska, Skandinávie a celé řady západoevropských zemí. Jedná se o jeden z prvních úkolů na systematické využití sluneční energie v bytové výstavbě, podporovaných zúčastněnými státy. Pracovní skupina se schází jak na národní úrovni, tak několikrát do roka v různých zemích. Je to poprvé, kdy mám možnost se něčeho podobného zúčastnit. Vedoucí roli mají sice energetici, ale mezi účastníky je i řada architektů. Celému úkolu předsedá norská profesorka Anne Grete Hestnes z Fakulty architektury v Trondheimu. Smyslem celé hry je najít řešení pro lokální situace a postavit experimentální objekty ve všech zúčastněných zemích. Seznamuji se díky tomuto úkolu se špičkami oboru v různých zemích.

possibility of using intriguing presentations to convince the public participants that we were the best choice. With a few such successes coming one after the next, there was no longer room in the office for the dog; in his place, there appeared the first employees, Cor and Marcel. Nor did we remain in the temporary storefront for long; within a year we had moved into an empty pre-war office building near one of the Rotterdam docks. Several of our former co-workers from the big office came to join us, and everything seemed to indicate that we would find a good place in the society of the city's architects. We were called up for invited competitions, which were opened nearly every day, and our reputation began to spread. Contributing to this awareness was an invitation to work with the "solar community" following our success in Cannes.
One invitation was to work in the Dutch team on a commission for the IEA (International Energy Agency), Task XIII, on the theme "Housing of the Future". The assignment was organised by the national government agency NOVEM. We were joined by experts in energy, climate, and architecture from many different countries: the USA, Canada, Japan, Scandinavia, many parts of Western Europe. It was one of the first attempts at the systematic usage of solar energy in housing construction, supported by all participating states. The working group met both on the national level and several times per year in various other countries. For me, it was the first chance ever to take part in something like this. Though the main role was held by the energy experts, the participants included many architects, including the Norwegian head of the entire task, Professor Anne Grete Hestnes from the faculty of architecture in Trondheim. Our aim was to find solutions for local situations and construct experimental

Jedním z nejaktivnějších je dlouhovlasý Němec ze Stuttgartu, Matthias Schüller, který si ještě během studia založil vlastní společnost Transsolar specializovanou na energetické poradenství. Později ho párkrát přizvu ke spolupráci na konkrétních zakázkách a vždycky je s ním radost pracovat.
Při startování nové kanceláře pomáhají samozřejmě známí a kamarádi. Musím jmenovat pár stabilních podpor z řad Čechů a Slováků zatoulaných do Nizozemska. Jedním z nich byl Pavel Koch, který tehdy začínal v jedné z projektových skupin v Rotterdamu-Delfshavenu a později se dopracoval vedoucí pozice v ING Real Estate. Dalším byl Egon Steuer, slovenský basketbalista, který se podivným řízením osudu stal ředitelem jedné z tradičních nizozemských bytových korporací v Amsterdamu; člověk velmi iniciativní a vynalézavý. A stejně podnikavý byl i Jiri Anton, zapojený do přestavby velkých sídlišť v jižních předměstích Rotterdamu.
Díky nim mohu koncem osmdesátých let realizovat řadu zajímavých bytových projektů v době plného rozkvětu státem podporované bytové výstavby. Jejich pomoc spočívá v poskytnutí příležitosti při otevřených výběrových řízeních, nikoliv v přímých zakázkách. Zbytek už potom musíme vždycky dokázat sami. Dlouhá řada realizovaných projektů, více než dva tisíce bytů a několik škol v Rotterdamu, Haagu a Amsterdamu toho zůstává trvalou připomínkou.
Souběžně s prací na různých zakázkách pokračuji ve výuce na TU Delft, kde jsem se spřátelil se skupinou SOM, vedenou Keesem Duijvesteinem, která věnuje všechnu pozornost sluneční energii a životnímu prostředí. Starost

buildings in all participating states.
Thanks to this experience, I could meet with the leading professional experts from many countries. Among the most active was a long-haired German from Stuttgart, Matthias Schüller, who even as a student had founded his own company Transsolar, specialising in energy consulting. Later, I invited him to work on specific assignments and always found it a joy to work with him.
Setting up a new architectural studio required, of course, the help of many friends and associates. I should name a few sources of unceasing support from the Czechs and Slovaks who had made their way to the Netherlands. One of them was Pavel Koch, who had then begun work in one of the project groups in Rotterdam Delfshaven and later worked his way up to a high management position at ING Real Estate. Another was Egon Steuer, a Slovak basketball player who through a strange turn of fate had ended up director of one of the longstanding Dutch housing corporations in Amsterdam; a person of great iniative and invention.
And no less enterprising was Jiri Anton, working on the rebuilding of large housing estates in the southern outskirts of Rotterdam.
It was thanks to them that I could, at the end of the 1980s, realise a series of interesting apartment projects in the period of the greatest flourishing of state-supported housing construction. Their assistance, though, lay entirely in providing possibilities to enter open selection proceeding, not in winning direct assignments. For the rest, we had to prove ourselves on our merits. The long series of realised projects – over two thousand flats and several schools in Rotterdam, Den Haag and Amsterdam – remains as its permanent memorial.
In parallel with work on these various commissions, I was continuing with my

o naši planetu má v Nizozemsku své trvalé místo už od velké naftové krize v roce 1974. Neměl bych zapomenout na staršího kolegu z velké kanceláře Simona Karstena, rozeného Indonésana, který byl jedním z prvních, kdo navrhoval ekologické projekty a velmi mi pomáhal při začátcích výuky na fakultě. Spolu s ním a se studenty začínám na malých projektech, úkolem je často využití sluneční energie anebo větrných turbín. Prolínání výuky s mou vlastní prací mě úžasně obohacuje a často i pomáhá rozptýlit stres z reálných zakázek. Navíc s delftskou skupinou podnikáme zajímavé exkurze do okolních zemí, které rozšiřují můj obzor a kde dostávám novou příležitost se seznámit se zajímavými lidmi z akademického prostředí.

Při jednom ze setkání pracovní skupiny IEA, které se konalo ve Spojených státech na univerzitě v coloradském Boulderu, mám možnost navštívit řadu solárních domů, postavených v lesích nad Denverem inženýry z amerického výzkumného centra solární energie. Technické experimenty, snažící se o využití přírodních efektů, navíc v nádherné divoké přírodě Skalistých hor mně opravdu učarují.

Při zpáteční cestě z Denveru v listopadu 1989 zahlédnu na obrazovkách na letišti v rychlosti záběry z Prahy! Co se tam děje?

Obrázky československých vlajek a plných náměstí mě ženou co nejrychleji zpátky do Evropy. To, co jsme si neuměli představit – pád komunismu, se najednou dělo v přímém přenosu. Chci být u toho!

teaching at the TU Delft, where I made a connection with the group SOM, headed by Kees Duijvestein, which directed its full attention to solar energy and environmental protection. A concern for Planet Earth has held a continual place in the Netherlands ever since the world oil crisis of 1974. Nor should I forget my older colleague from the Bakema office, Simon Karsten, a Dutch-Indonesian who was one of the first to design environmental projects and greatly assisted me when I started teaching at the faculty. Working with him and my students, I began with small projects where the goal was often the use of solar energy or wind turbines. Interweaving teaching with my own architectural practice turned out to be incredibly enriching and often helped to relieve the stress from the real-life commissions. Also, I could travel with the Delft group to nearby countries to expand my horizons and acquire new opportunities to meet with interesting people in the academic world.

During one of the meetings of the IEA – Task XIII working group, held in the USA at the University of Colorado in Boulder, I had the chance to visit several solar-powered houses built in the forests above Denver by engineers from the US solar energy research centre. These technical experiments drawing on the use of natural effects, especially in the enchanting wilderness setting of the Rocky Mountains, was truly captivating.

On the return trip, waiting in the Denver airport in November 1989, I noticed that the television screens were full of rapid shots of Prague! What was going on?

The images of Czechoslovak flags and squares full of demonstrators summoned me back to Europe as quickly as I could. Something that we could never have imagined – the fall of Communism –was now happening in live broadcasting. I wanted to be there too!

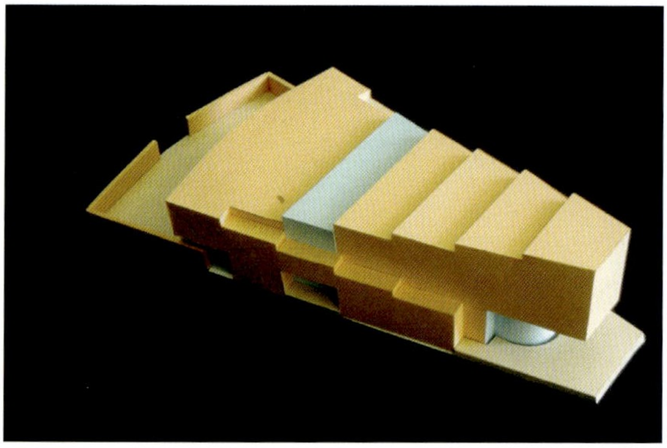

1

2

3

1–2 Komunitní centrum Tarwewijk (1987)
Community centre in Tarwewijk (1987)

3 Bytový projekt Groenendaal v centru Rotterdamu (1986)
The Groenendaal apartment project in central Rotterdam (1986)

Setkání v Občanském fóru architektů (prosinec 1989)
Meeting of the Civic Forum of Architects (December 1989)

Sametová revoluce zdálky
The Velvet Revolution at a Distance

Při první příležitosti, někdy na začátku prosince 1989, vyrážím poprvé po jedenácti letech do Prahy. Potkávám se s kamarády, objímáme se s Karlem Hubáčkem v teď už bývalém Klubu architektů v Letenské ulici. Zúčastním se velkého setkání architektů ve Sjezdovém paláci na výstavišti, kde Miroslav Masák zúčtovává se socialistickým Svazem architektů. Dokonce mohu na podiu něco říct, ale je to nesouvislé, vždyť to vše sleduji jen zvenku. Vracíme se s celou rodinou znovu na Silvestra 1989 a připíjíme na Václaváku s mnoha kamarády na čerstvou svobodu.
Po návratu do Rotterdamu se dělím o zážitky s kolegy, kteří také odešli ze země a jsou teď ve Švýcarsku, Německu, Kanadě, Spojených státech a jinde. Voláme si, chceme nějak pomoci. Komu? Kamarádům doma! Čím? Vším, co si myslíme, že postrádají! Kopírkami, počítači, kontakty. Po mnoha telefonátech s Františkem Sedláčkem v Mnichově začínají vznikat seznamy architektů žijících v cizině; je jich kolem sto padesáti. Shromažďujeme adresy, telefony a začínáme organizovat první zásilky. A naopak z Čech i Slovenska přijíždějí první návštěvy. Volají lidé, které vůbec neznám, a chtějí poznat nizozemskou architekturu. Před naší kanceláří se objeví autobus se studenty UMPRUM.

At the very first opportunity, sometime in early December 1989, I set off for the first time in eleven years to Prague. I met up with my old friends, gave a hearty embrace to Karel Hubáček in the now-vanished Architects' Club in Letenská ulice. At the massive meeting of Czech architects at the main hall of the Exposition Grounds, I could watch Miroslav Masák take his revenge on the socialist Architects' Union. I was even invited up to the podium for a few words, but only the most general ones, since after all I was only observing from outside.
With my entire family, I returned again for New Years' Eve of 1989, toasting the new-gained freedom on Wenceslas Square with many friends.
After returning to Rotterdam, I shared my experience with those colleagues who had left Czechoslovakia and were now working in Switzerland, Germany, Canada, the USA and elsewhere. We telephoned each other, hoping somehow to help. Help whom? Our friends back home! With what? Everything that we thought they were lacking! Xerox machines, computers, contacts. After many international calls to František Sedláček in Munich, we started to create lists of Czech and Slovak architects living abroad; around 150 in total. We collected addresses, telephone numbers, and started organising the first shipments. And in turn, the first visits began arriving from Czechoslovakia. Phone calls came from

Dohadujeme se na tom, že bychom akci měli dát nějakou formu. Zakládáme Czechoslovak Architectural Foundation. Jejími patrony se stávají Aldo van Eyck, Gustav Peichl, Mario Botta, Rem Koolhaas a další. Jan Kaplický se nechá přemluvit k tomu, že bude předsedou nadace, já se stávám sekretářem a zřizuji účet. Zakládáme sekce v jednotlivých zemích. Nejaktivnější jsou Švýcaři, kde je řada vynikajících lidí – Jiří Koleček, Milan Hon, bratři Oplatkové. Poznávám se s Martinem Roubíkem z Norska, Stanislavem Makarovem z Dánska. Tomáš Bitnar přijíždí ze Spojených států do Rotterdamu a společně vyrážíme někdy v květnu 1990 na první oficiální setkání s Obcí architektů do Frankfurtu. Přijíždí tam předsedkyně Obce Alena Šrámková, vedle ní zástupce Zlatých orlů Roman Koucký a další. Je to velmi srdečné, máme k sobě blízko, spojuje nás nadšení z otevření hranic a začínající změny systému. Jako by těch jedenáct let života v cizině neexistovalo...
Nadšení se zúčastňují i Slováci: Peter Beňuška, Štefan Šlachta, Ján Bahna, Matúš Dulla a další. Navrhují setkání v Moravanech u Piešťan.
V září 1990 se tam schází čeští, slovenští a zahraniční architekti a předvádějí si vlastní práce. Tím, kdo omráčil svou prací nejvíc, byl nesporně Martin Roubík, člen norské Snøhetty. Předvádí vyhranou soutěž na knihovnu v Alexandrii a řadu projektů ve spolupráci architektů a krajinářů. Úžasné!
V našich pracích vidíme rozdíly, ale spojuje nás ta radost z radikální změny, z toho, co jsme si před pár měsíci ještě neuměli představit. Dohadujeme další společné akce.
V Nizozemsku není po sametové revoluci těžké sehnat podporu domácích.

people we'd never heard of who wanted to see Dutch architecture. In front of our office there appeared a bus full of students from the Academy of Applied Arts (UMPRUM).
We reached agreement on one point: that our action should assume some clear form. This meant the founding of the Czechoslovak Architectural Foundation.
Our patrons include Aldo van Eyck, Gustav Peichl, Mario Botta, Rem Koolhaas among others. Jan Kaplický allowed himself to be convinced to serve as the chair of the foundation; I became the secretary and set up a bank account. And we founded sections in various countries. Most active were the emigres in Switzerland, which included many exceptional people – Jiří Koleček, Milan Hon, the Oplatka brothers. I met with Martin Roubík from Norway, Stanislav Makarov from Denmark. Thomas Bitnar travelled from the US to Rotterdam and together we set off in May 1990 for the first official meeting with the Association of Czech Architects in Frankfurt.
Arriving there was the chair of the association, Alena Šrámková, alongside her the representative of the young group 'Golden Eagles' Roman Koucký, and many others. Quite an emotional experience: we had so much in common, joined by the enthusiasm from the opening of the borders and the start of the systematic transformation.
As if those eleven years abroad had never happened...
No less enthusiastic were the Slovak participant: Peter Beňuška, Štefan Šlachta, Ján Bahna, Matúš Dulla among others. They proposed the next meeting would be in Moravany near the Slovak spa town Piešťany.
There, in September 1990, we held a meeting of Czech, Slovak and international architects to present our own work. Undoubtedly

V čele NAI pracuje Adri Duivesteijn, nadšený sociální demokrat, který pomáhá se získáním rozsáhlého grantu na pomoc československým architektům. Máme slušné peníze. Nakupujeme přístroje, platíme letenky známým řečníkům, podporujeme studenty a mladé cestovatele.
Připravujeme velké sympozium v Praze, které informuje o možnostech změny v bytové politice. Daří se mi sehnat početnou skupinu nizozemských politiků, úředníků i tvořivých architektů a odjíždíme společně do Prahy, kde následuje série přednášek a workshopů na různá témata bytové výstavby. Zúčastní se jich populární amsterdamský politik Jan Schäffer, ředitel NAI Adri Duivesteijn, tehdejší rijksbouwmeester Tjeerd Dijkstra, architekti Francine Houben a Erick van Egeraat z kanceláře Mecanoo, Kees Christiaanse, Willem Jan Neutelings a řada dalších. Na workshopech spolupracují s mnoha českými architekty na různých místech v Praze. Výsledkem je obsáhlá publikace o různých aspektech bytového systému v Nizozemsku. Propagujeme nahrazení bývalé zkostnatělé státní bytové politiky jakousi diferenciovanou politikou podobnou té nizozemské. V přednáškových sálech sedí řada úředníků z mnoha obcí, architektů i pozdějších developerů. Zdá se, že myšlenka „přenosu informací" dopadá na úrodnou půdu, ale brzy je jasné, že čeští účastníci mají jiné starosti. Proud privatizace se dotýká všech a v něm jde o nekompromisní dělení státního majetku, nikoliv o transformaci systému sociálního bydlení. Existující systém státní bytové výstavby je naprosto radikálně ukončen.
Těžiště naší spolupráce se přesouvá; jedním z nejmarkantnějších výsledků

the most impressive presentation was that of Martin Roubík, a member of the Norwegian firm Snøhetta. He presented his winning competition entry for the library of Alexandria and many other projects based on cooperation between architects and landscape designers. Amazing! We were aware of the differences in our work, but united by our joy in the radical changes, in the situation that only a few months earlier no one could have imagined. And we agreed on still further joint events.
In the wake of the Velvet Revolution, it was no difficulty to win domestic support in the Netherlands. The head of the NAI was Adri Duivesteijn, an enthusiastic Social Democrat, who helped us win a major grant for aid to Czechoslovakia's architects. Our funding was more than adequate; we started purchasing equipment, paying the airfares of important lecturers, supporting students and young travellers.
We also prepared a major symposium in Prague to offer information on the possible changes to occur in housing policy. I was able to assemble a sizeable group of Dutch politicians, civil servants, and practicing architects, and with them travelled to Prague for a series of lectures and workshops on various themes of housing construction. Among the group was the popular Amsterdam politician Jan Schäffer, the NAI head Adri Duivesteijn, the national architectural supervisor [*rijksbouwmeester*] Tjeerd Dijkstra, architects Francine Houben and Erick van Egeraat from the studio Mecanoo, Kees Christiaanse, Willem Jan Neutelings and so many others. At the workshops, they joined forces with many Czech architects at various locations in Prague. The result was a capacious publication on various aspects of the housing system in the Netherlands.

je organizace přednášek „světových hvězd". Rozdělujeme si práci podle místa, kde se ve světě pohybujeme. Tomáš Bitnar zajišťuje několik amerických řečníků, mj. Roberta Venturiho. Kdo dal signál Jamesi Stirlingovi z Velké Británie, už dnes nevím. Já sám si beru za úkol přivést do Prahy Aldo van Eycka, začátkem devadesátých let už žijící legendu.
Proč o to tolik stojím, je jednoduché – aktivity hnutí Teamu X zcela minuly českou architektskou komunitu. Jen několik málo jedinců je informováno. Aldovy cesty do Afriky a projekty založené na antropologickém strukturalismu, které nakonec vedly ke zrodu holandského strukturalismu v architektuře, se k českému publiku prakticky nedostaly. Stejně jako jeho tvrdá kritika postmodernismu, který považuje mistr za falešnou a slepou cestu. Není jednoduché se k němu dostat, vše filtruje jeho žena Hannie. Po dlouhém vyjednávání jsme nakonec dohodnuti, na začátek prosince 1993. Po příjezdu do Prahy s manžely van Eyckovými procházíme Pražským hradem, Aldo se ale nesoustředí a chce ještě přizpůsobit zítřejší přednášku. Má na okně v hotelu vylepeny svoje diapozitivy a znovu si rovná svůj příběh. Dalšího dne jej potom vítá k prasknutí naplněný hlavní sál Městské knihovny. Aldo je v Praze poprvé v životě a cítí se povinen na začátku přednášky omluvit se za Mnichov: „Byla to zrada demokratického světa na tehdejším Československu." Pak ale následuje kanonáda zaměřená proti postmodernismu, speciálně proti „anti-humanismu" Alda Rossiho. Velkým obloukem se potom dostává od řady detailů Palladiova kostela v Benátkách, které podle van

We proposed replacing the old, calcified state housing policy with a more differentiated form, similar to that of the Netherlands. Filling the lecture halls were elected officials from many towns and cities, architects, and future real estate developers. It seemed that the idea of "transferring information" fell on fertile ground, yet it soon became clear that the Czech participants had far different concerns. The tidal wave of privatisation affected everyone, and it insisted on the uncompromising dispersal of state property, not about transforming the system of social housing. The extant system of state housing construction was suddenly and forcefully ended.
Hence the focus of our cooperation shifted; one of the most visible results was the organisation of lectures by "world stars". We divided up the assignments per the countries where we had settled. Thomas Bitnar arranged for several American speakers, including Robert Venturi. Who gave the nod to James Stirling from Great Britain, I no longer recall. I took it as my assignment to ensure a visit to Prague from Aldo van Eyck, in the early 1990s still a living legend.
Why I thought his presence so important is simple – the activities of Team X had been completely unregistered by the Czech architectural community. Only a few individuals even knew about them. Aldo's journeys to Africa and his projects based on anthropological structuralism, eventually leading to the birth of the Dutch Structuralist movement in architecture, had remained entirely outside the scope of the Czech public. And the same was true for his harsh criticisms of postmodernism, which he viewed as an erroneous path and a blind alley. It was not easy to reach him; all contacts were filtered through his wife Hannie. After long negotiations,

Eycka splňují požadavek na odstupňovaná měřítka, vztahující se k lidskému rozměru, k vlastním pracím z poslední doby. Zmiňuje svůj světoznámý sirotčinec a další stavby, až nakonec se dostane ke konferenčnímu centru ESTEC poblíž Noordwijku. Na tomto projektu se snaží vyložit svůj princip členění prostoru v souladu s lidskými aktivitami a měřítkem člověka. Důležitý je vztah celkové kompozice ke stavebnímu detailu. Navíc je u tohoto projektu použita celá škála barev jako důležitý prostorový prvek. Když v roce 1999 Aldo van Eyck umírá, končí tím v Nizozemsku éra poválečné debaty o vyváženém vztahu člověka a stavby, která hrála v Evropě důležitou roli při hledání cesty po ukončení CIAMu.

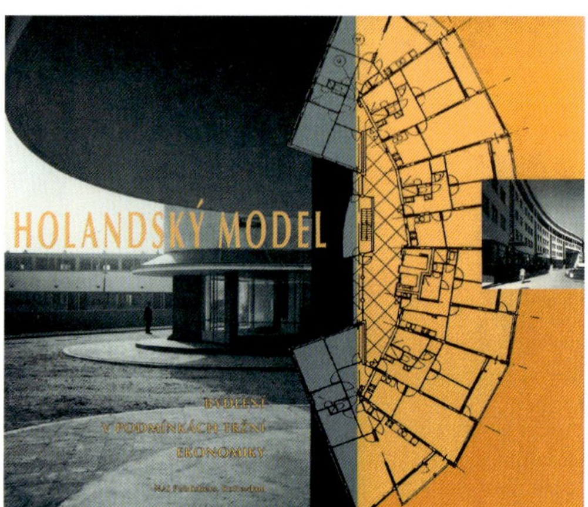

Obálka publikace Holandský model bydlení (CAF, 1991)
Cover of the publication "The Dutch Housing Model" (CAF, 1991)

we finally reached an agreement by early December 1993. Once they arrived in Prague, I accompanied the van Eycks through Prague Castle, yet Aldo was still distracted and wanted to work further on the lecture planned for the following day. In the hotel, he had his slides taped to the window and kept reconfiguring his line of thought. The next day, he arrived at the packed auditorium in the Prague City Library. Aldo was in Prague for the first time in his life, and felt obligated at the start of his lecture to apologise for the Munich accords of 1938: "It was the democratic world's betrayal of the former Czechoslovakia". Then there followed a rapid-fire assault on postmodernism, specifically aiming at the "anti-humanism" of Aldo Rossi. Through various digressions, he then moved from a discussion of the details of Palladio's church in Venice, which for van Eyck exemplified the requirement for registers of scale in relation to the human dimension, to discuss his own work from the most recent years. He mentioned his world-famous orphanage and other buildings, finally ending with his ESTEC conference centre outside Noordwijk. Through this project, he tried to lay out his principle of articulating space in accordance with human activities and the scale of the human figure. Crucial here was the relation of the overall composition to the structural detail, as well as the use in this project of a wide colour range as a key spatial elementWith Aldo van Eyck's death in 1999, there concluded the long era of debates in post-war Dutch architecture about the balanced relation between human and building, which across Europe played such a vital role in finding a new path after the end of CIAM.

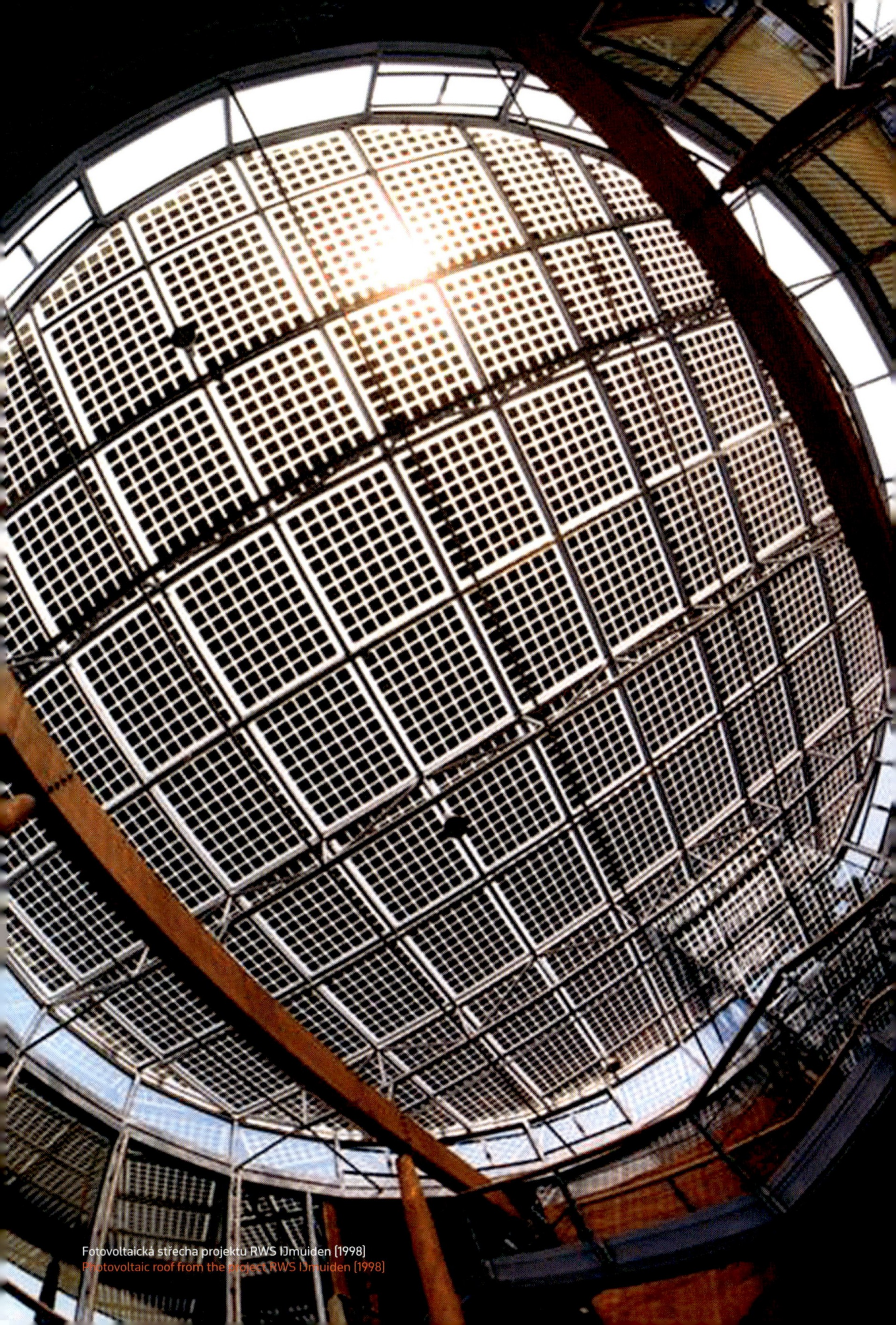

Fotovoltaická střecha projektu RWS IJmuiden (1998)
Photovoltaic roof from the project RWS IJmuiden (1998)

Úplně samostatně…?
Complete Independence…?

Po pěti letech společného podnikání zjišťujeme s Erikem, že firma Bakema/Zavřel nemá další velkou perspektivu. Původní představa o rozdělení práce (Erik jako ten, kdo sežene zakázky, a já jako ten, kdo je zpracuje) nefunguje. Erikovo nedostatečné architektonické vzdělání skřípe a je to vidět. Uvědomuji si, že jsem hrubě podcenil spolupráci se sympatickým člověkem, ale těžce poznamenaným syndromem „slavného otce". Vidím tu rub slávy výjimečné osobnosti, dopad do soukromí rodiny. Stín Erikova otce se vznáší nad každým jeho projektem, kritická debata nad návrhy hraničí s trapností. Dvojí standard v kvalitě návrhu a provádění odmítám jak já, tak i část personálu akceptovat. Začíná složité období hledání budoucí formy podniku. Po mnoha diskuzích se ale rozcházíme „po dobrém".
Moje část kanceláře pokračuje od 1. ledna 1990 pod novým jménem: Atelier Z, Zavrel Architecten b.v.
Malá skupinka, včetně mé ženy Heleny je nás celkem sedm, pokračuje v rozdělené kanceláři vlastním způsobem. Samostatnost mi teď už připadá logická, práce máme dost, není se čeho bát! Erikova část kanceláře pokračuje pod jeho výrazným jménem na rozdělaných bytových projektech; těžiště se přesouvá do rekonstrukcí předválečných bytových komplexů. Bohužel,

After five years of business cooperation, Erik Bakema and I reached the conclusion that the firm Bakema/Zavřel did not have much promise for the future. The original idea of the division of labour (Erik as the one who acquired the commission, I as the one who prepared them) did not work. Erik's insufficient architectural training was a handicap, and a visible one. For me, I began to realise that I had severely underrated the difficulties of working with someone whom I liked but who was severely afflicted by his "famous parent" syndrome.
It revealed the reverse side of the glory of an exceptional personality, above all its effect on the private life of the family. The shadow of Erik's father hovered above every design of his; critical debates over the designs verged on the embarrassing. Double standards in the quality of designs and implementation were something that both I and many of the employees could not accept. A complicated period began of searching for the future form of the company; after many discussions, though, we managed to separate on good terms.
My part of the studio continued as of 1st January 1990 under a new name: Atelier Z, Zavrel Architecten b.v.
A small group of us, seven including myself and my wife Helena, continued in our own work in the divided firm. Now, independence seemed to me completely logical: we had

po několika dalších letech se znovu ukazuje, že Bakemovu staršímu synovi se nedaří navázat na práci a věhlas jeho otce a kancelář se mu rozpadá. Přesto, ve zpětném pohledu, je třeba za těch pár let spolupráce poděkovat. Bez Erikova přispění bych se sám těžko osamostatňoval.
K prvním samostatným projektům nové firmy patří výhra v celostátní soutěži na „Městskou školu" v Amsterdamu. Po dvou kolech úmorného opakovaného soutěžení získáváme naši první zakázku na Montessori školu integrovanou v obytném bloku na Borneo-eiland v Amsterdamu. Pracujeme na úloze společně s amsterdamskou kanceláří Groos & de Jong, výsledkem je zajímavý kompaktní městský blok v nově rozvíjeném území Oostelijk Havengebied, které se později stává výkladní skříní amsterdamského rozvoje přístavních „brownfields".
Objevuje se i první možnost zúčastnit se přímo československé soutěže: na přestavbu Československého konzulátu v Paříži pro Kulturní centrum. Takzvaný Masarykův dům v ulici Bonaparte v centru, hned vedle École des Beaux Arts, je v ubohém stavu a první porevoluční ministr zahraničních věcí Jiří Dienstbier považuje rekonstrukci domu, ve kterém fungovala první provizorní vláda připravující samostatnost Československa už od roku 1916, za velmi důležitou. Soutěž vyhráváme! Ale rozpracování k realizaci na sebe dává čekat. Pařížské úřady, především oddělení památkové péče, nejsou nadšeny naší myšlenkou postavit za původní fasádou zcela současnou stavbu, a objevují se další překážky. Vyhraněná situace v nově založené kanceláři má dopad na naše manžel-

plenty of work, nothing to fear! Erik's section of the studio continued under his prominent name working to complete previously assigned housing projects, with the focus shifting to the reconstruction of pre-war apartment complexes. Unfortunately, several years later it became clear again that Bakema's older son was unable to maintain the tradition set by the work and renown of his father, and the office came to an end. Despite all this, with the benefit of hindsight, I feel obligated to thank him for those years of collaboration. Without Erik's contribution, I would have found it hard indeed to strike out on my own.
Among the first independent projects of the new atelier was winning the nationwide competition for the "City School" in Amsterdam. After two rounds of intensive and repetitive competition preparation, we acquired our first commission for a Montessori school integrated into a residential block on Borneo-eiland in Amsterdam. We worked on the design in partnership with the Amsterdam office Groos & de Jong; the result is an interesting compact urban block in the newly developed area of Oostelijk Havengebied, later to emerge as the showpiece in Amsterdam's development of its old dockland brownfields.
There also appeared our first chance to participate directly in a Czechoslovak competition: the rebuilding of the Czechoslovak consulate in Paris as a national cultural centre. The one-time 'Masaryk House' in central Paris in the rue Bonaparte, beside the École des Beaux Arts, was in poor condition and the first post-revolution foreign minister Jiří Dienstbier, gave great priority to the reconstruction of the building where the first provisional government preparing for an independent state –

Vstupní hala projektu RWS IJmuiden (1998)
Entrance hall from the project RWS IJmuiden (1998)

ské soužití s Helenou Jiskrovou. Podíl v tom má jistě i moje „mid-life crisis". Neumíme si oba poradit s ponorkovou nemocí, která už trvá několik let a při jednáních o pařížském projektu vrcholí. Rozcházíme se, a tím se rozpadá jak naše rodina, tak i dlouholeté partnerství dvou architektů založené na vzájemném, ale vždy trochu asymetrickém porozumění v oboru.

Czechoslovakia – had started operation as early as 1916. And in this competition, we won!

But the time between revisions and realisation was long indeed. The Parisian municipal authorities, most of all the Monumental Heritage protection board, were not welcoming to our idea of constructing an entirely contemporary building behind the original façade, and further hindrances came up as well.

The tense situation in the newly founded office also had ill effects on my marriage to Helena Jiskrová. No small share in this can also be ascribed to my personal midlife crisis. And neither of us could deal well with the "cabin fever" that had lasted several years and came to a culmination during the negotiations over the Paris project. We went our separate ways, thus implying the dissolution of a family as well as a longstanding professional partnership founded on a mutual if always slightly asymmetrical understanding in architectural matters.

1

2

3

1 Interiér Správy amsterdamského okruhu (nástěnná malba R. de Windt)
Interior of the Rijkswaterstaat building (mural by R. de Windt)

2 Správa amsterdamského okruhu (ze silnice)
The Rijkswaterstaat building (from the road)

3 Správa amsterdamského okruhu
The Rijkswaterstaat building

Schodiště Českého centra v Paříži, rue Bonaparte [1997]
Staircase in the Czech Centre in Paris, rue Bonaparte [1997]

Rue Bonaparte

Po rozpadu Československa v roce 1993, který pozoruji stále zpovzdálí, dochází mimo jiné i k rozdělování zahraničního majetku. Dům v rue Bonaparte 18 připadá České republice a tím se otevírá možnost původní projekt přizpůsobit novým podmínkám.
Stojím teď před úkolem sám, ale je to velká výzva. Český investor je ochoten akceptovat projektování v Rotterdamu pro stavbu v centru Paříže. Díky ing. J. Šebkové z Investičního oddělení MZV je potvrzen projektový tým, včetně společně vybraného francouzského architekta Rogera Saubota. V šarmantním a světem protřelém francouzském architektovi střední generace nacházím zkušeného lokálního partnera, který podobnou roli již sehrál při realizaci Opera Bastille nebo Center Americain.
Změny oproti soutěžnímu projektu jsou zásadní. Plocha staveniště je zmenšena na polovinu; program výrazně změněn. Odpor velmi konzervativní pařížské památkové péče je díky velvyslanci Jaroslavu Šedivému zlomen. Pomohla jeho intervence na Ministerstvu kultury. Podmínkou je zachování uliční fasády, ale vnitřní uspořádání a současná tvář projektu do vnitřního prostoru jsou povoleny. Myšlenka viditelného propojení dvou tradičně spřátelených kultur žije. V podivuhodné atmosféře po rozdělení republiky je projekt v roce 1994 schvá-

After the dissolution of Czechoslovakia in 1993, which we were still observing from afar, the former state's international property was also divided among the successors. The building at 18 rue Bonaparte was assigned to the Czech Republic, and with this the possibility re-emerged of adapting the original project to new conditions.
Now, I was facing the task entirely on my own, but I welcomed it as a challenge. The Czech investor was willing to accept the design being prepared in Rotterdam for a building in central Paris. Thanks to Ms. Šebková from the investment section of the Foreign Ministry, a project team was appointed, including the jointly selected French architect Roger Saubot, a charming and highly experienced practitioner of the middle generation and for me a seasoned local partner, who had held a similar role in the realisation of the Opera Bastille or the Centre Americain.
The changes made in the original competition design were sweeping. The area of the construction site was reduced to half; the program significantly altered. However, the objections of the deeply conservative Paris Monumental Heritage authorities had, thanks to the efforts of ambassador Jaroslav Šedivý, been overcome– in part through his intervention with the French Ministry of Culture. The required condition remained preservation of the street façade, but the

len a stavba brzy potom zahájena. Spolupráce s francouzskou architektonickou kanceláří je pro mě velkým poučením o rozdílnosti „stavebních kultur". Role francouzského architekta je úplně jiná než ta nizozemská, která se podobá naší české. Francouzi se nezabývají detailem, to rádi přenechávají „inženýrům". My [ze SIALu] si naopak potrpíme na precizní detail, který je důkazem správnosti základního konceptu návrhu. Provádění stavby v úzké pařížské uličce a při zachování provozu v „zadním domě" je krkolomná záležitost. Uliční fasáda musí být zajištěna samostatnou ocelovou konstrukcí a průchod do zadního domu vede dočasným dřevěným tunelem uprostřed malé stavby 13 × 22 metrů. Vybraná stavební firma Léon Grosse tuto drobnou, ale velmi složitou stavbu evidentně podceňuje. Podceňuje navíc i mou snahu o dosažení vynikající kvality. Pomoc francouzského partnera je nezbytná především proto, že moje téměř nulová francouzština nás nutí vést jednání v angličtině. A na to kroutí všichni subdodavatelé hlavou „je ne comprends pas", ale jen do chvíle, dokud se nezačne mluvit o penězích. V tom okamžiku najednou zjišťuji, že všichni rozumí anglicky perfektně! Problém komunikace je vyřešen v momentě, kdy se k nezištné spolupráci nabídne zkušený kolega z ČVUT žijící v Paříži, statik Jiří Hoskovec. Od té chvíle má česká část stavebního týmu jasnou převahu!
Tým, který pracuje na prováděcím projektu v Rotterdamu, je doplněn dvěma mladým českými architekty Josefem Mádrem a Ivanem Kroupou, kteří se ujímají dotvoření interiérů ve složité stavbě, v níž se staré prolíná v mnoha rovinách s novým. Práci na projektu

creation of a new interior arrangement and a contemporary form of the design for the interior sections were admissible. The idea of a visible interlinking of two traditionally connected cultures remained alive. In the strange atmosphere following the division of the state, the project was approved in 1994 and construction began soon after.
Cooperation with a French architectural studio was a great lesson for me regarding differences in "building cultures". The role of a French architect is completely different from that of a Dutch one, the latter being far closer to my previous Czech experience. It is a French tradition to avoid the details, preferring to leave them to the "engineers"; in a studio like SIAL, though, our practice was always to insist on the precision of the smallest elements, as a proof of the correctness of the design's underlying concept. And performing construction work in a narrow Paris side-street while ensuring that things could continue normally in the "rear house" is a ticklish process indeed. The street façade had to be reinforced with a separate support structure, while the passageway to the building in the rear was routed through a temporary wooden tunnel inside a small building of 13 × 22 m. The selected contracting firm, Léon Grosse, evidently undervalued the importance of this small yet incredibly complex structure. Worse, they undervalued my desire for excellence in build quality. The assistance of a French partner was essential, primarily because with my nearly non-existent French we had to carry out negotiations in English. And at this, all subcontractors shook their heads with a "*je ne comprends pas*" – right up to the moment when we began to discuss the money. Right then, it became clear that they all understood English perfectly! This communication problem was only resolved

Vnitřní fasáda Českého centra v Paříži, rue Bonaparte [1997]
Inner façade of the Czech Centre in Paris, rue Bonaparte [1997]

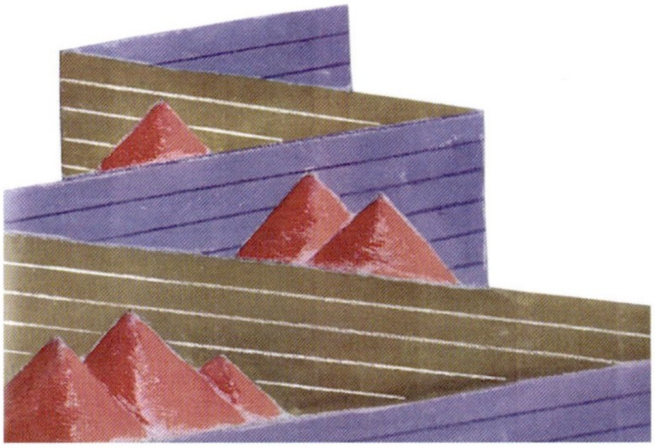

Jiří Sopko – skica výzdoby vnitřního dvora Českého centra (barevná omítka)
Jiří Sopko – sketch for ornamentation of the inner courtyard in the Czech Centre (coloured plaster)

považuji za vlasteneckou samozřejmost a snažím se jak dílčí stavební práce, tak i uměleckou výzdobu zadat českým firmám a českým umělcům. Vnitřní zavěšenou fasádu do dvora bych nikdy nedal dohromady bez české vynalézavosti a spolupráce se slévárnou z Vysočiny. Podobně je tomu i s truhlářskými pracemi v interiéru od kolínské firmy ARA.
Po malém výběrovém řízení na uměleckou výzdobu byli vybráni dva čeští umělci: sochař Jiří Seifert a malíř Jiří Sopko. Oba předložili zajímavé návrhy na doplnění vnitřního „pražského dvorečka", které jsou i po dvaceti letech nádherným obohacením komplexu.
Dramatický průběh stavby má i dramatický závěr, kdy proti sobě při kolaudaci stojí česká a francouzská část provádějícího týmu. Nakonec se díky pomoci českého právníka v Paříži vše podaří vyřešit a stavba je v květnu roku 1997 slavnostně otevřena. Zahájení provozu se krylo s pařížským „Féte de la Musique" a francouzská dívčí dechová kapela, ve které hraje prim Rogerova dcera, ve

when we received a generous offer of cooperation from an experienced colleague from the ČVUT now living in Paris, structural engineer Jiří Hoskovec. From that point on, the Czech section of the construction team had the clear advantage!
As for the team working on the design program in Rotterdam, it was joined by two young Czech architects, Josef Mádr and Ivan Kroupa, who assumed the completion of the interiors in this complicated assignment, where the old had to interact in many layers with the new. Working on the project was viewed by all as a natural act of patriotism, and I tried to ensure that various sections of construction work as well as artistic décor would be assigned to Czech firms and Czech artists. Never could we have put together the suspended inner façade facing the courtyard without Czech inventiveness and the cooperation of a foundry in the Moravian Highlands. And the same is true with the interior carpentry work, from the Kolín firm ARA.
After a small-scale selection process for the artwork, two Czech artists were chosen: sculptor Jiří Seifert and painter Jiří Sopko. Both presented intriguing ideas for completion of the inner "Prague Courtyard", which even twenty years on still form a wonderful enrichment for the complex.
The dramatic course of construction had a no less dramatic conclusion, when during the final inspection the Czech and French parts of the team found themselves in mutual disagreement. In the end, thanks to the assistance of a Czech lawyer in Paris, everything was resolved peacefully, and the building was ceremonially opened in May 1997. The start of operations overlapped with Paris's "Fête de la Musique" and the concert by a French girls' brass band, in which our colleague Roger's daughter played a leading

vnitřním prostoru do toho zcela zapadla. Podobně tomu bylo i s koncertem mých nizozemských přátel – muzikantů v hlavním sále. Zazněl tu Janáček, Martinů a Haas. Tajně jsem doufal, že se na otevření dostaví prezident Havel, ale nakonec se dal při jiné příležitosti zastoupit svou ženou Dagmar.
Stavba slouží svému účelu už téměř pětadvacet let. Proběhlo v ní nespočet výstav a koncertů, které přispěly k intenzívní kulturní výměně. S radostí vzpomínám na období její realizace, které pro mě bylo opravdovou zkouškou mých fyzických i duševních sil.

part, was perfect for this interior space. The same was true with the performance by a group of Dutch musicians whom I counted as friends in the main hall, with works by Janáček, Martinů and Haas. Secretly, I hoped that President Havel would be present at the opening, though in the end because of other commitments he was represented by his wife Dagmar.
By now, this building has served its purpose for nearly a quarter of a century.
It has hosted countless exhibitions and concerts, contributing to a fruitful and intensive cultural exchange. It is with great joy that I recall the time of its realisation, which for me posed a genuine test of my physical and intellectual strength.

Vítězný soutěžní návrh Bytového komplexu Valentijnkade (1995)
Winning competition entry, Valentijnkade apartment complex (1995)

Nizozemsko se mění
Changes in the Netherlands

Po celou dobu pařížského projektu musí paralelně fungovat rotterdamská kancelář. V nejrušnějším období je nás celkem asi patnáct, což vede k rozdělování zodpovědnosti. Roli provozního šéfa přebírá Wim van Es, kterého jsem kdysi učil na rotterdamské Academie van Bouwkunst. Architekt, který začínal jako tesařský učedník a postupně se dopracoval do samostatné pozice. Druhou oporou je odborně velmi šikovný delftský inženýr Marcel Baake, skutečný technik, bohužel obtížně komunikující s kolegy. Dělíme se o celou řadu projektů, učíme se zvládnout různé úkoly najednou. Přestavujeme kancelář, nabíráme lidi. Snažíme se reagovat na impulzy vnějšího světa.
Vnější situace se permanentně mění. Nizozemsko devadesátých let má důležitou roli v rychle jedoucím vlaku globální liberalizace a tím mění poválečný křesťansko-sociální společenský model. Myšlenka solidarity mezi sociálními vrstvami, tak jednoznačně akceptovaná v poválečném období, se rozkládá pod tlakem agresivních podnikatelských záměrů vedených především nadnárodními korporacemi. Roli hraje i změna postoje zaměstnanecké části veřejnosti, reprezentované odbory, ke konzumentskému přístupu a jednostrannému tlaku na zvyšování blahobytu. Slogan „The sky is the

For the entire span of the Paris project, the Rotterdam office had to remain fully in parallel operation. During the busiest period, there were around fifteen of us, leading to a division of responsibilities. The role of operational supervisor was taken by Wim van Es, whom I had previously taught at Rotterdam's "Academie van Bouwkunst": an architect who began as a carpenter's apprentice and gradually worked his way up to an independent position. My second support was the professionally adept Delft engineer Marcel Baake, an amazing technician but unfortunately less skilled in communicating with colleagues. We shared tasks on a wide range of projects, leaning how to complete differing assignments at the same time. Our office was remodelled, new employees were hired. And we tried to react to impulses from the world outside.
This situation, though, was in continual flux. During the 1990s, the Netherlands held an important place in the rapidly accelerating thrust of global liberalisation, leading to a deep change within the post-war Christian Democratic/Socialist social consensus. The idea of solidarity between all layers of society, accepted uniformly in the years after 1945, began to dissolve under pressure from aggressive business ambitions implemented primarily by multinational corporations. An equal role was played by

limit!" se stává nevysloveným heslem podnikatelského prostředí, které hraje roli i v demokratických volbách.
V roce 1994 přichází radikální reforma podpory sociálního bydlení, tzv. „brutering". Bytové korporace, které byly doposud výhradním správcem celého poválečného bytového fondu, získávají právo s ním podnikatelsky nakládat. Stát se tím zbavuje dlouhodobé zátěže finančníka tohoto fondu. Role korporací se proměňuje a mnohé z nich se přes noc stávají v developery, což znamená i změnu chování vůči architektům.
Pod tlakem nových evropských předpisů se mění základní postupy při zadávání zakázek. Přicházíme tím o „otevřené selekce", které nám otevíraly cestu ke slušným zakázkám. Pro transparentní proceduru je třeba složitě dokládat reference, finanční situaci a jiné velmi formální záležitosti. Poměrně nasycený trh dále kvete díky neustálému zlepšování marketingu a rafinovaným nabídkám vyšší a vyšší kvality. A k tomu patří nabídka stále atraktivnější architektury. Stát i obce dokonce používají architekturu pro vlastní politiku obdobně. Soutěž a stavba Radnice v Haagu od Richarda Meiera anebo později stavba nizozemské ambasády od OMA v Berlíně jsou toho dobrou ilustrací.
O zajímavou architekturu není nouze. Po krátké módě „small is beautifull" na konci sedmdesátých let, reprezentované holandskými strukturalisty jako Piet Blom, Herman Hertzberger a další následníci Aldo van Eycka, přichází nová generace „baby-boomers" v čele s výjimečnou osobností Rema Koolhaase. Ten po studiu na AA School v Londýně odjíždí na stipendium do New Yorku a shrnuje zážitky do knížky *Delirious New York*, nádherně ilustrované jeho

the changing attitudes of the wider Dutch public, represented by the trade unions, moving toward a consumer-oriented stance and a unilateral pressure towards increasing prosperity. A sensibility of "The sky is the limit!" formed the unvoiced credo of the business world and eventually the political scene as well.
The year 1994 saw a radical reform of state housing financing, or in Dutch "*brutering*". The housing corporations that had previously formed the exclusive management of the entire post-war housing stock were given the right to treat them as profit-making enterprises. While this allowed the government to be relieved of the longstanding burden of its financing, the role of the corporations was changed and many turned themselves almost overnight into developers, equally implying a difference in their treatment of architects.
Under pressure from new European regulations, changes also occurred in the basic methods of assigning architectural commissions, bringing an end to the "open selection" that had opened our path to desirable assignments. Now, for the transparency of the procedure, it became necessary to supply references, financial statements, and other highly formalistic matters. Though relatively well satiated, the market continued to flourish through continual improvements in marketing and ever more refined offers of higher and higher quality. And among them, the offer of increasingly striking architecture. Indeed, national and municipal governments even use architecture in the same way as a policy tool: the competition and construction of the city hall in Den Haag by Richard Meier or the later building for the Dutch Embassy in Berlin by OMA provide telling illustrations.
Intriguing architecture met with no lack

Bytový projekt v centru Amsterdamu (de Pijp, 2003)
Housing project in central Amsterdam (de Pijp, 2003)

Detail bytového projektu
Detail of the housing project

partnerkou Marion Vriesendorp. Knížka je o snech, energii a nadšení, které dalo vzniknout této moderní metropoli a zároveň jakýmsi manifestem pro rostoucí obří města konce 20. a začátku 21. století. Po návratu do Nizozemska už je značka architektonické dílny OMA světoznámá, byť ještě nepostavila jedinou stavbu. Pro začínající mladé architekty je to místo přitažlivé a celá následující generace talentů tam zkouší najít svou vlastní verzi nakažlivě optimistické filozofie. Kees Christiaanse, Michiel Riedijk, Willem Jan Neutelings,

of demand. Following the brief fashion of "small is beautiful" at the end of the 1970s, represented by Dutch structuralist like Piet Blom, Herman Hertzberger and other followers of Aldo van Eyck, there appeared a new generation of "baby-boomers", most visibly the outstanding personality of Rem Koolhaas. He, after his studies at the AA School in London, departed on a scholarship for New York, where he complied his experiences into the book *"Delirious New York"*, wonderfully illustrated by his partner Marion Vriesendorp. It is a book about the dreams, energy, and hope that gave rise to this modern metropolis, yet equally a kind of manifesto for the swelling megalopolises of the late 20th and early 21st centuries. After his return to the Netherlands, the brand of his atelier OMA had become world-famous even though it had yet to complete a single finished building. For young architects at the start of their careers, it was an attractive destination and the entire following generation of talents tried to find their own version of his infectiously optimistic philosophy in the firm. Kees Christiaanse, Michiel Riedijk, Willem Jan Neutelings, Winy Maas, Nathalie de Vries, Juliette Bekkering and many others worked for Koolhaas for next to nothing in their earliest years of practice. However brief, this experience was itself a strong recommendation for investors of the same generation: many of these architects by their thirties had joined established offices or directly started their own. One example is the group Mecanoo, composed of former students from the TU Delft: they won a competition for housing in central Rotterdam and immediately had the chance to build a new block. And they were joined by others: in Rotterdam, Den Haag, Amsterdam. Nor did architectural criticism lag behind, or the creation of the new

Winy Maas, Nathalie de Vries, Juliette Bekkering a zástup dalších zde pracuje skoro zadarmo na začátku své kariéry. Ta je, byť sebekratší, sama o sobě doporučením pro stejně staré investory. Velká skupina třicátníků vstupuje do starších kanceláří anebo rovnou zakládá vlastní. Příkladem je skupina Mecanoo, kterou tvoří studenti z TU Delft: vyhráli soutěž na bydlení v centru Rotterdamu a hned staví nový blok. A k nim se připojují další a další. V Rotterdamu, Haagu, Amsterdamu. Ruku v ruce jde architektonická kritika, nově vzniklý institut NAI, nová vydavatelství a nakonec i BNA [Spolek architektů NL]. Nejprve se objevují zajímavé soutěžní návrhy, postupně jsou myšlenky této generace přetavovány do reálných staveb. Svět se diví a začíná si kolem milénia uvědomovat, že má co dělat s velmi silnou generací, jejíž pozice je podepřena celou historií nizozemské moderní architektury, atmosférou kritického myšlení a vedle toho ironickou interpretací zadání, jak to předvádí sám velký guru Koolhaas.

institution NAI, new architectural publishers and finally the BNA [Netherlands Association of Architects].
First there began to appear interesting competition designs, and over time the ideas of this generation assumed the contours of actual buildings. The world was watching and by the turn of the millennium was aware that it was witnessing a strong architectural generation, supported by the entire history of Dutch modern architecture, an atmosphere of critical thought, and in addition the ironic interpretation of the given task as introduced by their great guru Koolhaas.

1

2

3

1 Nizozemská ambasáda v Akkře, vstup (2005)
The Dutch Embassy in Accra, entrance (2005)
2 Nizozemská ambasáda v Akkře, pohyblivé venkovní zastínění
The Dutch Embassy in Accra, adjustable exterior shading
3 Nizozemská ambasáda v Akkře, první skica
The Dutch Embassy in Accra, first sketch

Svět se zmenšuje
The World Is Shrinking

Výsledek pařížského projektu byl dobrým doporučením pro další složitější projekty. Zadávání státních zakázek je v Nizozemsku stále v rukou „rijksbouwmeestera", který se každých pět let mění. Na přelomu milénia se jím stává rotterdamský architekt Wytze Patijn, který se snaží profilovat velkým důrazem na „udržitelnost". Jak z předchozích kapitol vyplývá, nebyl pro mě tento pojem úplnou novinkou. Účast v několika soutěžích zaměřených na udržitelné administrativní budovy pro státní správu nám otevřela cestu k realizaci dalších zajímavých projektů. První byl výsledkem vyzvané soutěže na Správu Noordzeekanaal v městečku Ijmuiden u Severního moře. Centrální budova pro Správu kanálu zaujímala prominentní místo poblíž velkých plavebních komor na okraji města. Energetický koncept domu je do detailu rozpracován specialisty, se kterými jsem již dříve spolupracoval na energetickém výzkumu. Velkou pozornost získává charakteristická kruhová solární střecha. Poprvé jsme zde úzce spolupracovali s krajinářskou architektkou Margreet de Boer, která navrhla i sousední park jako součást celého komplexu. Naše profesionální porozumění později přerostlo v životní partnerství, jak o tom píši v druhém dílu těchto vzpomínek.

The result of the Paris project was a strong recommendation for other complex assignments. The issuing of state commissions in the Netherlands remained in the hands of the official known as the "*rijksbouwmeester*", a position changing ever five years. At the turn of the millennium, it was held by the Rotterdam architect Wytze Patijn, who tried to establish his individuality through great stress on "sustainability". As should be clear from the previous chapters, this concept was hardly a novelty to me. Hence our participation in several competitions focusing on sustainable administrative buildings for government use prepared a path for us toward the realisation of further interesting projects. The first was the outcome of the invited competition for the managing authority of the Noordzeekanaal, in the small town of Ijmuiden on the North Sea. The central administrative building was given a highly visible position alongside the large lock chambers at the city's edge. The energy conception of the building was prepared down to the smallest details by an expert with whom we had worked previously on energy research. Attracting great attention was the unusual round solar roof. For the first time, our team worked closely with landscape architect Margreet de Boer, who also designed the adjoining park as part of the larger complex. Our professional

Téměř souběžně začínáme další projekt pro stejného investora – Rijkswaterstaat, nejlépe financovaného nizozemského ministerstva. Formou velmi odlišnou budovu Správy Amsterdamského silničního okruhu realizujeme poblíž dálnice A2 ve směru na Utrecht. Obdobný udržitelný koncept je podpořen spoluprací s výrazným umělcem Ruudem de Windtem a už zmíněnou krajinářskou architektkou. Skleněný klín zaříznutý do nové vodní partie láká pozornost všech, kdo přijíždějí po dálnici A2 od Utrechtu.
Nizozemský stát využívá architekturu pro propagaci otevřenosti a přitažlivosti země i v zahraniční politice. Jsou vypsány soutěže na nizozemské ambasády do sedmi afrických zemí. Můj Atelier Z je vybrán pro návrh velvyslanectví v ghanské Akkře. Začíná tím další vzrušující zahraniční projekt, ve zcela neznámé západní Africe. Dostávám při několika prvních cestách příležitost se se zemí blíže seznámit. Společně s vedoucím projektu BuZa W. Smitem projíždíme celé pobřeží od Akkry až po Cape Coast, včetně návštěvy bývalé původně portugalské a později holandské pevnosti Elmina, odkud byli přepravováni otroci do Severní Ameriky. Nizozemsko má dnes s Ghanou čilé obchodní styky, v Amsterdamu žije kolem třicet tisíc Ghaňanů. Nová ambasáda má sloužit mnoha účelům, také konzulárním stykům. I tady je třeba najít lokálního partnera. Po dobrodružném hledání nacházíme sympatického místního architekta Josepha Hayforda. Očarován pestrostí země a odlišností rovníkového klimatu se pouštím do prvních skic. Snažím se všechny dojmy, včetně místní stavební tradice, zakomponovat do návrhu v centru města. Za

understanding soon grew into a personal one, as I explain further in the second part of these memoirs.
Almost in parallel, we started another project for the same investor – the Rijkswaterstaat, the best-financed ministry in the entire Dutch government. For the administration of the Amsterdam ring-road, we realised a formally quite different building near the A2 motorway in the direction toward Utrecht. Using a similar plan of sustainability, the concept was supported through the forceful vision of artist Ruud de Windt and Margreet's previously mentioned skill in landscape design. Formed as a glass wedge slicing into a new body of water, it immediately catches the eye of everyone passing along the A2 from Utrecht to Amsterdam.
Similarly, the Netherlands uses architecture for promoting the country as an open and attractive nation in its foreign policy. A competition was held for Dutch embassies in seven African states, and my Atelier Z was chosen to design the embassy in Accra, Ghana. This marked the start of another exciting international project, this time in the entirely new setting of West Africa. On several initial visits, I had the chance to make my acquaintance with the country. With the project manager of the Ministry of Foreign Affairs, Wim Smit, we travelled along the entire coastline from Accra to Cape Coast, not omitting a visit to the former Portuguese [and later Dutch] fortress of Elmina, a major site in the Atlantic slave trade. Today, the Netherlands has active commercial relations with Ghana, and around thirty thousand Ghanaians live there, mostly in Amsterdam. The new Embassy was planned to serve many purposes, including consular relations. Here too, it was necessary to find a local partner. After much searching, we came into

pomoci energetického génia Matthiase Schüllera ze Stuttgartu navrhujeme ekologický koncept, využívající polohy blízko moře k přirozenému větrání v kombinaci se silným zastíněním tak, aby stavba nebyla příliš závislá na dovozu složité chladicí technologie. Úředníkům ambasády se tímto „přirozeným" návrhem bohužel nezavděčujeme. Jsou zvyklí si teplotu na pracovišti regulovat podle svých evropských představ a musíme koncept radikálně změnit. Druhý návrh je už přijat souhlasně a postupně přecházíme k realizaci, včetně krásné tropické zahrady, navržené opět Margreet de Boer. Stavět ambasádu musí samozřejmě místní firma, ale existuje jich celá řada, které jsou vlastně filiálkami evropských koncernů. Připravujeme „tender-documents" podle britského střihu v naší kanceláři v Rotterdamu. Projekt je nakonec realizován pobočkou nizozemské firmy Interbeton/BAM, které se v obtížných podmínkách podaří dosáhnout velmi slušné kvality. Malý tým, prověřený zkušenostmi z mnoha jiných staveb v Africe, si se stavbou velmi dobře poradí, byť každá složitější věc musí nakonec být dovezena z Evropy. Při slavnostním otevření v roce 2006 jsem samozřejmě velmi pyšný, když někdo v projevu řekne, že nová ambasáda je tou nejkrásnější budovou v Akkře.

contact with the charming local architect Joseph Hayford. Enchanted by the beauties of the country and the climactic differences of the tropics, I started with the first sketches, trying to compose all impressions, including local building traditions, into a design for the city centre. With the aid of the energetic Stuttgart genius Matthias Schüller, we prepared an ecological concept using the position of the nearby sea for natural ventilation, combined with heavy shading to avoid having to depend too much on complex imported cooling technology. Alas, the officials of the embassy were hardly pleased by this "natural" design. They were accustomed to regulating the temperature in the workplace following their European practice, forcing us into a radical change of the concept. The second design was, though, accepted with full agreement and gradually we continued toward the realisation, including the beautiful tropical garden, again designed by Margreet de Boer. Construction had to be assigned to a national firm, though there are many in Ghana that are essentially branches of European concerns. We drew up the "tender-documents", following British practice, in our Rotterdam office. Eventually, the project was realised by a local branch of the Dutch firm Interbeton/BAM, capable of achieving quite acceptable quality in difficult conditions. This small team, seasoned with experience from many other African construction projects, handled the assignment very well, even though finally each more complex component had to be imported from Europe.
At the opening ceremony in 2006, I was of course incredibly gratified to hear one of the speakers saying that the new embassy was the most beautiful building in Accra.

Předtucha?
A Premonition?

Rozdělený svět se začíná stále více a více propojovat. Globální ekonomie se točí na plné obrátky. Nizozemsko, které žije především ze světového obchodu, z toho plně profituje.
Hranice do Čech jsou dokořán otevřené, po zkušenostech s velkou stavbou v Africe se smím zabývat hledáním možnosti nového sídla pro nizozemskou ambasádu v Praze. To se z mnoha důvodů nedaří a vzniká nová malá úloha – přestavovat sídlo velvyslanectví v Praze-Bubenči. Spolupracuji s mladými českými architekty Lvem Lauermannem a Markétou Cajthamlovou; rozumíme si jak osobně, tak i ve stylu práce.
Je zajímavé sledovat průběh privatizace v Čechách. SIAL je bleskově zprivatizován a proměňuje se na s. r. o. s několika podílníky. Hubáček je ještě u toho v seniorské roli, Masák naopak dává přednost akademické dráze.
Během pendlování mezi oběma domovinami často pobývám v domečku mých rodičů ve Zdislavě, kousek od Ještědu. Mám ten kraj rád už od dětství a v momentě, kdy za mnou přijde starý kamarád ze vsi Mirek Zajíc a nabídne mi ke koupi „kus kopce", vůbec neváhám a investuji do kousku nádherné české krajiny. Netrvá dlouho a s mou partnerkou Margreet se dohadujeme, kde by mohla stát na pozemku „nová

The once-divided world was becoming ever more interconnected. As the global economy swung into full motion, the Netherlands, relying so much on international trade, profited highly from it.
Now the borders with the Czech Republic were fully open. After my experience with a large diplomatic building in Africa, I could now investigate the possibilities of finding a new location for the Dutch embassy in Prague. For many reasons, this plan did not work out, and a new, smaller task was assigned – rebuilding the extant embassy in Prague-Bubeneč. I worked alongside two young Czech architects, Lev Lauermann and Markéta Cajthamlová; we understood each other both on a personal level and in our working styles.
No less interesting was following the course of Czech privatisation. SIAL was immediately sold off and turned into a limited-liability corporation (*"s. r. o."*) with several owners. Hubáček remained in it though in a senior role; Masák, by contrast, turned his attention to an academic career.
During my long commutes between these two homelands, I often spent time in the house that belonged to my parents in the village of Zdislava, not far from Mt. Ještěd. It is a landscape I've loved since childhood, and at the moment when an old friend of mine from the village, Mirek Zajíc, came to me with the offer of buying a "bit of hillside", I hesitated

chaloupka". Začínám skicovat skromný domek, ale úředníci s jeho samostatnou polohou nesouhlasí. Pozice se musí změnit tak, aby dům „více patřil k vesnici". Posun místa návrhu prospěl, ale stavba se na novém místě musí vyrovnat s nerovností terénu a zvětšuje se. Netrvá dlouho a stavba je povolena. Prováděcí výkresy pomáhají zpracovat bývalí kolegové ze SIALu. Zadávám realizaci stavby mladému stavebnímu inženýrovi Matyášovi z Kolína. Začínající dodavatel z Polabí bere stavbu jako velkou výzvu a po necelém roce je hotov! Zážitek ze stavby vlastního domu na dálku je nový. Být sám sobě zadavatelem i architektem je náročné. Nevyvaruji se drobných chyb; žena mě koriguje. Sen o domě v přírodě, podobném těm na svazích Skalistých hor se stává realitou. V prvním období bude dům pronajat, o způsobu dalšího užívání zatím nemám přesnou představu.
Vše je připraveno tak, abych zde mohl oslavit své šedesátiny. Oslava je grandiózní, jsou tu všichni! Z Čech i z Nizozemska. Fotíme se na kopci se členy Školky v téměř kompletní sestavě. Jako by se všechny propasti a rozdíly setřely. Jako by se mé rozdělené světy a rodiny znovu spojovaly v jeden celek.
Doba po roce 2000 je plná očekávání, prudce se rozvíjí digitální technologie, vše se zrychluje. Nizozemská ekonomie „šlape", k získání zakázek je třeba nové vynalézavosti. Nikdo si neumí představit, že by se mohly věci vyvíjet jiným směrem.
Můj druhý život se ale uklidňuje, mohu klidně spát bez existenčních starostí. Stavba v Africe je jakýmsi vyvrcholením mé nizozemské profesionální dráhy. Dramatický průběh častého cestování a obtížného rozhodování na dálku je

no longer and made my investment in a section of this wonderful part of the Czech countryside. It did not take long for me and Margreet to reach agreement on where the "new cottage" should stand on the plot.
I began to sketch out a modest dwelling, but the building officials did not agree with its isolated situation. The positioning had to be changed to make the house "belong more to the village". This shift in the site benefited the design, but on the new location the structure had to deal with uneven terrain and grew larger. Yet soon after, the building permit was approved. Construction blueprints were prepared with the help of my former colleagues in SIAL; realisation of the building I assigned to a young engineer named Matyáš from Kolín. At the start of his contracting career, he saw the house as an attractive challenge, and in just under a year it was complete. The experience of constructing a dwelling for myself, moreover at a distance, was entirely new: being both client and architect is a demanding task. Nor did I avoid small errors; usually, my wife corrected me. The dream of a house amid nature, similar to what I had seen on the slopes of the Rocky Mountains, became a reality. At the start, I would rent the house, though for its later use I had still no precise idea.
Everything was ready right at the time for me to celebrate my sixtieth birthday in the cottage. The celebration was enormous – everyone showed up, from my Czech and my Dutch circles! We arranged a photo on the hillside of the old members of the SIAL Kindergarten with almost everyone present. Now, it seemed that all the gaps and differences had been erased, as if my two divided world and families had again come together to become one.
And the first years after 2000 were full of expectation: the rapid development of

Před „wall of fame" v budově TU Delft
In front of the "wall of fame" at the TU Delft

předehrou mého rozhodnutí předat kancelář mladší generaci. Cítím se unaven z permanentní starosti o skupinu spolupracovníků, každý měsíc je třeba sehnat na stále větší výplaty.
Začínám hledat nástupce, aniž bych tušil, že to je jedna z nejobtížnějších kapitol mojí profesní kariéry. Najde se jich několik, ale ve složitějších situacích odpadají. Postupně začínám chápat, že to je „mission impossible". Najít vhodného kandidáta, který splňuje přání všech zúčastněných, není dost dobře možné. Zbývají dvě poslední možnosti, kterým bych se byl raději vyhnul: postupně se vrátit k malé „jednomužné" kanceláři a sám jednoho dne zhasnout světlo, nebo předat kancelář mým spolupracovníkům a sám odejít do důchodu. Rozhodnutí není třeba uspěchat.
Do toho přichází telefon od Ladislava Lábuse z pražské Fakulty architektury, nechci-li kandidovat na děkana Fakulty architektury ČVUT. Podobných telefonů už byla od sametové revoluce celá řada, týkaly se nejrůznějších funkcí.

digital technologies, the increased speed of everything. The Dutch economy was running at full force, and new inventions were necessary to keep winning commissions. No one could have imagined that things could head off in any other direction.
My second life, though, was calmer; now I could sleep quietly without worrying about what would come next. The embassy in Ghana formed a kind of culmination to my professional career in the Netherlands. The drama of frequent international travel and difficult decisions made at a geographic distance formed the preliminary impulse to my decision to hand the studio over to the younger generation. Moreover, I was exhausted from the permanent worries of maintaining a team of collaborators; each month required me to find the resources for their ever-rising salaries.
I started to look for a successor, hardly aware that this would be one of the most difficult chapters of my professional career. Several likely candidates turned up, but in more challenging situations all fell short. Gradually, I began to realise it was truly "mission impossible". Finding the right choice, someone able to match the wishes of all participants, was likely a futile task. There remained only two last possibilities, both of which I would have liked to avoid: gradually returning to a small "one-man" studio and one day being the last to turn off the lights, or to turn the office over to my assistants and go into retirement. Definitely, not a decision to be made hurriedly.
In the middle of this, there came a phone call from Ladislav Lábus from the Faculty of Architecture in Prague, asking if I was interested in running for the post of the faculty's dean. Ever since the Velvet Revolution, there had been a long series of similar calls concerning all sorts of public

Nevěřím jim a odpovídám, že bych vše rád probral ústně. Většinou už podruhé nevolají...
Lábus se ženou Dorou se však brzo poté skutečně dostaví! Krátce po Lábusově intenzívní návštěvě ve Zdislavě, na podzim roku 2005 souhlasím se svou kandidaturou na děkana v Praze. Uvědomuji své rotterdamské kolegy se záměrem přijmout funkci na pražské technické univerzitě.

functions. I never found them plausible and always answered that I'd rather discuss the matter in person. Usually, the second call never came...
However, Lábus and his wife Dora very soon after did show up themselves! Shortly after the Lábuses' intensive visit to Zdislava, I agreed in the autumn of 2005 to announce my candidacy for dean at the FA. Straight away, I informed my Rotterdam colleagues of my intention to assume an administrative role in Prague at the ČVUT.

TŘETÍ ŽIVOT
Third Life

ČVUT, budova A – sídlo Fakulty architektury do roku 2011
ČVUT, Building A – seat of the Faculty of Architecture until 2011

Volba
The Election

Tato část vzpomínek je psána bez dostatečného odstupu, omlouvám se tedy za přílišný detail.
Jsem jedním ze čtyř kandidátů při volbě děkana na podzim 2005 a není jasno, jak volba dopadne. Vážným soupeřem je dlouholetý děkan Vladimír Šlapeta, dále kandidují populární pedagog Jiří Mojžíš a začínající Regina Loukotová, mladičká partnerka Martina Roubíka.
Lábus mě seznamuje se studenty – mají třetinu hlasů v Senátu, kterým bude děkan volen. Uvědomuji si, že úkolem děkana je fakultu inspirovat, ale vím toho pramálo o každodenní univerzitní praxi. Mohu se opírat o jakés takés zkušenosti z Delftu, ale tam jsem se de facto nikdy nezabýval administrativou, která je největší částí děkanské agendy.
Připravuji svou prezentaci, seznamuji se se současnými vedoucími pedagogy. Během listopadu 2005 probíhá představování kandidátů. Přicházím s návrhem na „Otáčení slona", čímž myslím postupnou přeměnu školy.
Při hlasování vítězím nad dosavadním děkanem Šlapetou 9:6. Všichni studenti jsou na mé straně. Můj protivník exploduje, tento výsledek si neuměl představit...! Tuší, že za jeho porážkou je Lábusova iniciativa, a vykřikne směrem k němu: „Tys mě zradil!"
Před nástupem do funkce 1. února 2006 je třeba vyřešit předání zodpovědnosti

This part of my recollections is written without the detachment conveyed by time; hence I should apologise if it is excessively detailed.
I was one of four candidates in the election for dean in autumn 2005 and it was hardly certain how the vote would turn out.
A serious rival was the incumbent in the post, Vladimír Šlapeta, while the other challengers were the popular instructor Jiří Mojžíš and the youthful Regina Loukotová, the partner of Martin Roubík.
Lábus introduced me to the students, who have a third of the votes in the Academic Senate, the organ electing the deans.
I realised that the main task of dean is to bring inspiration to the faculty, but also that I knew next to nothing about the day-to-day operations of the university. Perhaps I could rely a bit on my experience at Delft, but even there I de facto never was involved with administration, the main part of the dean's agenda.
I prepared a presentation and made acquaintance with the current department heads. November 2005 saw the candidates make their presentations. My proposal was entitled "Turning the Elephant", metaphorically expressing the idea of the gradual transformation of the institution.
Once the vote was held, I defeated the incumbent dean Šlapeta 9:6. All the students in the Senate were on my side. My opponent

v Rotterdamu a zároveň podmínky nového dobrodružství v Praze. Na moje otázky, zda se mi ČVUT postará o bydlení a jaká bude zhruba výše mého platu, není nikdo schopen odpovědět. V období před nástupem pendluji mezi Prahou a Rotterdamem, tábořím v příšerném hotelu Crystal u letiště a tuším, že se ve svých třiašedesáti letech pouštím do dalšího velkého dobrodružství...
Předání rotterdamské kanceláře proběhlo nakonec dle předvídatelného scénáře. Sejdeme se s celým personálem, kde je seznámím se svým odchodem. Van Es se nabízí jako zodpovědná osoba s tím, že bude pokračovat na několika běžících zakázkách. Jméno kanceláře zůstává zachováno a moje role de facto končí, byť slibuji všemožnou podporu. Z dálky sleduji závěr realizace ambasády v Africe, dokončena bude během následujícího léta. Odvážím svou část archivu do Čech.
V úterý 1. února se dostavuji do školy, usedám do Šlapetovy místnosti plné knih v přízemí nejvyšší budovy ČVUT, seznamuji se s kolegy z administrativy. Důležitou roli hraje tajemník fakulty Ivan Vašín, který mi na mou otázku, jaký je stav věcí, odpovídá s úsměvem, že „tajemník má svá tajemství!" Odcházející děkan mi pak asi půl hodinky „předává fakultu" a vypráví historky o svých předchůdcích, aniž by mi fakticky cokoliv vysvětlil o chodu tohoto celkem složitého aparátu. Chápu, že vpád českého emigranta do zabydlených poměrů úřadu, kterým fakulta de facto je, bude pro obě strany složitý. Ale po osmadvaceti letech života v cizině mě zajímá, jak vlastně ta moje bývalá domovina po šestnácti letech svobody funguje. Říkám tomu prozatímně

was beside himself with rage – this was a result he could never have imagined...! He sensed that the reason for his defeat was Lábus's initiative, and shouted in his direction "You betrayed me!"
Before assuming my post as of 1 February 2006, it was necessary to take care of the transfer of responsibilities in Rotterdam as well as the conditions for the new adventure in Prague. In response to my questions of whether ČVUT would find a place for me to live and (approximately) what my salary would be, no one was capable of an answer. During the months before I started, I commuted endlessly between Prague and Rotterdam, camping out in the wretched Hotel Crystal near the airport and fully sensing that at the age of sixty-three I was setting off on yet another major adventure...
The transferral of the Rotterdam studio, as it happened, took place following a predictable scenario. I met with the entire staff and informed them clearly about my departure. Van Es was the most likely candidate to be placed in charge to ensure that work would continue on several projects underway. The name of the studio would be retained but my role was essentially over, though I promised whatever support I could give. From a distance, I could follow the end of the realisation of the Dutch embassy in Ghana, to be completed during the following summer. And I transported part of my personal archive back to the Czech Republic.
On Tuesday, 1 February, I arrived at the school, took a seat in Šlapeta's book-lined office in the ground floor of the highest ČVUT building, and began to make acquaintance with my new colleagues in the administration. A crucial role was held by the faculty secretary, Ivan Vašín, who responded to my question about how things stood, with a smile and the response "the secretary

můj vlastní „sociologický průzkum". Přespávám u známých, jiné bydlení mi zatím nikdo nenabídl.
Žádám o docenturu na VUT v Brně na podkladě „Souboru prací", několikrát mi žádost s formálními připomínkami vrátili, než se ji rozhodli přijmout. Poté mi habilitační komise kupodivu doporučuje, abych si požádal co nejdříve o profesuru.
Jsem formálně instalován rektorem Václavem Havlíčkem na slavnosti v Betlémské kapli a seznamuji se s kolegy děkany ostatních fakult. Jednou z mých povinností je zúčastnit se zasedání Kolegia rektora a Vědecké rady ČVUT. Sedím tu jako nováček mezi zkušenými kantory, kteří všichni prožili celý život na této univerzitě. S respektem si uvědomuji, že Vědecká rada je jakousi špičkou české technické inteligence a snažím se své fakultě neudělat ostudu. Kolegové děkani se ke mně chovají shovívavě, i když musí vidět, že se v jejich univerzitním „ptydepe" evidentně nevyznám.

has his secrets!" The outgoing dean then spent about half an hour "handing over the faculty" and recounting anecdotes about his predecessors, without essentially giving any explanation about the operation of this highly complex institution. I then knew that the sudden intrusion of a re-emigrant into the accustomed conditions of this bureaucracy, which a university faculty de facto is, would be complicated for both sides.
Still, after twenty-eight years abroad, I took a strong interest in how my former homeland was functioning after sixteen years of freedom. As a temporary measure, I called it a personal "sociological investigation". I slept over with friends, since so far no one had offered me any other place to live in Prague.
I also requested a docentship from the Brno Technical University, submitting as my justification a "Series of Works". Several times in a row they returned my application with various formal corrections before they finally accepted it. Then, surprisingly, the habilitation committee recommended that I apply as soon as I could for a full professorship.
I was formally installed by ČVUT rector Václav Havlíček at a ceremony in the Bethlehem Chapel and introduced to the deans of the other university faculties. Among my obligations was taking part in meetings of the Rector's Collegium and the ČVUT Scientific Council. I sat among them as a kind of freshman, surrounded by experienced pedagogues who had all spent their entire careers at the same university. And, with respect, I came to realise that the Scientific Council truly represented the finest of the Czech technical intelligentsia and that I should try not to bring shame on my own faculty. My fellow deans all behaved amiably towards me, even though they must have seen that I was clearly bewildered by their university jargon.

Zdeněk Zavřel v prvním děkanském období (2006–2010)
Zdeněk Zavřel in his first term as dean (2006–2010)

Prvních sto dnů
The First Hundred Days

Snažím se řídit jednoduchou manažerskou poučkou: „Nejdříve pochopit, pak teprve měnit."
Podaří se mi sestavit vedení fakulty. S některými proděkany jsem se stačil seznámit už během kandidatury. Strategie děkana-začátečníka je zjištění skutečného stavu financí i obsahu studia, ale pomocných rukou tu moc není. Ladislav Lábus je ochoten se vedení školy účastnit, ale převzít zodpovědnost za některý z proděkanátů rozhodně nechce, považuje své angažmá v Senátu ČVUT za rozhodující.
V prvních sto dnech sepisuji dle svých dosavadních informací „Zprávu o stavu fakulty" s obrysem hotelu Internacionál na obálce jako hrozivým stínem minulosti. Nemám pochyb o tom, že v dramatických změnách po roce 1990 hraje socialistická minulost stále ještě svou roli. Vždyť stále je velká část personálu zde zaměstnána od doby před „sametem".
Za první úkol považuji zjistit „tajemství mého tajemníka". Zvu si vnějšího auditora, aby nahlédl do účetnictví. Zjišťuje podivné operace, nákupy počítačů, kamer a drobných přestaveb v jednom zadání. Výběrová řízení se nekonají, práce jsou zadávány spřízněné firmě. Je evidentní, že se tu podivně hospodaří, děkanovy zahraniční cesty jsou nenápadně financovány, a tudíž se

I tried to follow a simple management principle: "First understand, and only then make changes".
I successfully put together the new administrative hierarchy. Several of the vice-deans I'd already met during my candidacy. The strategy for an incoming dean is determining the actual state of finances and the content of instruction, but few helping hands offered themselves. Ladislav Lábus was willing to help with running the school, but he strongly declined the offer of assuming the responsibility of a vice-dean, regarding his engagement in the Academic Senate as decisive.
During my first hundred days, I compiled from the information available a "Report on the State of the Faculty", sketching on the cover the outline of the nearby Socialist-Realist bulk of the Hotel Internacionál as a foreboding shadow of the past. Without doubt, even despite the dramatic changes after 1990 the socialist past continues to play its role. After all, a great many of the personnel were already employed in the years before the Velvet Revolution.
As the first task, I saw it as essential to find out the "secrets of my secretary". I called in an outside auditor to look over the accounting. Many strange operations turned up – e.g. the purchasing of computers, cameras along with small building work in a single commission. Selection proceedings

o další nezajímá. Fakulta je zadlužená u jiných fakult a nikdo o tom kromě tajemníka neví. Ten už tuší, že se s ním židle začíná houpat. Ale trvá pár měsíců, než mám argumenty v ruce. Vypisuji na jeho místo nové výběrové řízení. V den jeho konání mi po obědě zvoní telefon. Předseda komise profesor Petr Moos se mě ptá: „Umíš si představit, že by to byla zkušená kandidátka ze Slovenska? Je mnohem lepší než ostatní." Odpovídám: „Vyberte toho nejlepšího!" Proč ne? Scházím se s Janou Tóthovou ještě tentýž večer. Sympatická, trochu upovídaná Slovenka, která strávila většinu své kariéry ve vysokoškolském prostředí. Než stačí nastoupit do rychlíku do Bratislavy, plácneme si. Předchozí tajemník se odporoučí. „Tajemníčka", jak jí od začátku říkám, má svou přímočarou metodu, Prahu považuje za výzvu a zjevně nekrade. Nová kosa dobře seče, finance jsou během krátké doby pod kontrolou, dluhy jsou srovnány a tím mám o starost méně.
Uvolňuji si tím ruce k lepšímu seznámení s „obsahem". Dvě místa na fakultě mě na první pohled děsí. Ústav urbanismu a Ústavy historické. Zvolená metoda je jednoduchá: pozvu si vedení ústavu, doplním několika studenty a jedním nebo dvěma kolegy externisty. Smyslem setkání je vést otevřenou „holandskou" debatu o dalším směřováním ústavů.
Vzpomínám na jednu z prvních debat, týkajících se teorie a historie. Začínám krátkým vysvětlením smyslu, nikdo se dále nehlásí. Trapné ticho, ptám se vedoucího ústavu, jaká je jeho představa. Čte mi připravený text. Zase dlouhé ticho. Pak se přihlásí student Lukáš Kohl a vysvětluje, jak se během svého pobytu ve Spojených státech

were never held, all work was given to a connected firm. It was evident that the economics are off-kilter; quiet funding supplied for the dean's international travel, and no interest taken in anything else. Worse, the faculty owed money to other faculties and no one knew about it except the secretary himself. Already, he could sense the heat being turned up on him, but it took several months before I can put together the arguments. And then I opened a new selection process for his post.
On the day of the selection, I received a phone call right after lunch. The committee chair, Professor Petr Moos, asked: "Could you imagine – there was a highly experienced candidate, a woman from Slovakia. She's far better than the others". My answer: "Just choose the best!"
Why not? I met with her, Jana Tóthová, that same evening. Likeable, somewhat chatty, she'd spent most of her career in university settings. Before she headed off for the express to Bratislava, we shook hands on the deal. The previous secretary made his exit; his replacement now has her own direct methods, views the Prague position as a challenge and clearly is honest. A new broom sweeps clean: in a short time, the finances are under control, the debts paid off, and I have one fewer worry.
This way, my hands are free for dealing all the better with the "contents". Two sections of the faculty are at first glance utterly disastrous: the Department of Urban Design and the Department of History and Theory. My method is simple: invite the department head, along with several students and one or two external colleagues, for a meeting intended as an open, "Dutch-style" debate on the future direction of the department.
I recall clearly one of the first debates, in this case the Department of History and

začal seznamovat s teorií architektury a byl postupně přiveden k tomu, aby jasně formuloval vlastní názory. Když pak řekl: „Zjistil jsem, že vlastně vůbec neumím číst a psát," nastalo další hluboké ticho. To pak přerušil tvrdě: „...a byli jste to vy, kdo mě to nenaučil...!" Výsledkem debaty nemohlo být nic jiného než hledání nového vedoucího ústavu. Ale kde ho vzít? Kandidáty těžko hledat.

Obdobná debata probíhala na Ústavu urbanismu, který evidentně trčel ještě beznadějně v důsledcích socialistického územního plánování. Stejným postupem probíráme budoucnost tohoto, podle mě velmi důležitého místa na škole. Vždyť i tradice vedení tohoto pracoviště nelže. Všichni poválečn í vedoucí této specializace mohli mluvit do celospolečenské debaty. Jan Mužík, současný vedoucí ústavu, není mužem velkého formátu a jede po rutinních vyježděných kolejích. Zase více trapného mlčení namísto jasných představ budoucnosti. Ticho tu naruší pozvaný Martin Rajniš, starý kamarád a huba nevymáchaná: „To jste byli vy, kdo připravil Prahu o miliardy!" Jasně vypočítá, jaké ztráty přítomní urbanisté způsobili při plánování Prahy svou neschopností nastavit jasná pravidla. Obvinění z korupce samozřejmě všechny probudí k životu. Ale ani velká hádka nezlepší autoritu vedení ústavu a začínáme hledat nového člověka s jasnou vizí.

Vše se odehrává v tzv. budově A, to je čtrnáctipatrová věžová stavba ze šedesátých let, kde je fakulta nucena vegetovat od osmého do čtrnáctého patra. A právě to čtrnácté patro je další viditelný problém. Patří Ústavu výtvarné výchovy, který tu sídlí dlouhá

Theory. I started with a brief explanation of its purpose, and no one else had anything to say. An embarrassed silence: I then asked the department head what his idea was. He read out a pre-prepared text. More silence. Then a student, Lukáš Kohl, raised his hand and told us how, during his stay in the US, he began to learn about architectural theory and was gradually led to the point where he could clearly formulate his own opinions. Then, when he said "I found out that basically I could neither read nor write", yet another deep silence fell. And he broke it harshly with "... and it was you who never taught me!" The debate could have no other outcome than finding a new department head. But where? Candidates were hardly forthcoming.

A similar debate unwound at Urban Design, which was clearly stuck hopelessly in the legacy of socialist city planning. In the same way as before, we discussed the future of what for me was a vitally important component of the school. Indeed, even the tradition of the leadership of this department was clear: all post-war department heads had the chance to make their voices heard in public affairs. The then head, Jan Mužík, was not a man of great visions and continued along the same well-worn tracks. Once again, more embarrassed silence in place of clear aims for the future. The one to break it was an invited expert, Martin Rajniš, an old friend with no regard for polite constraints: "It was you who robbed Prague of billions!" And he clearly set out the extent of the financial losses that the urban planners present had caused through their inability to set unambiguous guidelines for the city's planning. This accusation of corruption understandably brought the silent figures back to life. Yet not even the loudest shouting could improve the authority of the department, and we began to look for a new

léta a jehož kantoři už příliš nerozlišují mezi vlastním ateliérem [skladištěm] a výukovou prostorou. To už je na mou „holandskou hlavu" moc. Nařizuji prostory vyklidit, vyčistit a přestěhovat na jiné místo. Přitom se s některými pedagogy musíme rozloučit. Byť nebyla na něho namířena, obětí této reorganizace se nechtěně stává oblíbený kantor Moravák František Cunderla. Přestavění velkého ateliéru na ARCHICAFÉ má na fakultu osvěživý účinek, ale skutečný problém kvalitních prostor samozřejmě neřeší.

Projekt nové budovy, který byl zahájen dlouho před mým příchodem, se vleče mravenčím tempem a není vůbec jisté, kdy bude stavba zahájena, pokud vůbec někdy začne. Ostatní fakulty ČVUT se brání spolufinancování.

individual with a strongly defined vision.

All this took place in "Building A", a fourteen-storey tower block from the 1960s, where the faculty was uncomfortably squeezed into the eighth to fourteenth floors. And again, this fourteenth floor was another blatant problem. It was assigned to the Department of Fine Arts, where it had held sway for many years, and the instructors no longer took much effort to keep a difference between their personal ateliers [or more accurately storehouses] and the teaching space. In my "Dutch-influenced eyes", this was too much. I ordered the space to be emptied, cleaned out and the department relocated elsewhere. And several of the instructors would need to go as well. Though I did not intend it, one unwished victim of this organisation was one popular teacher, František Cunderla. Rebuilding the large atelier into the ARCHICAFÉ brought a refreshing impulse to the faculty, but of course did little to address the more urgent problem of the quality of the faculty space.

The design for the new architecture building, which had been launched long before my arrival, was proceeding at a snail's pace and it was hardly clear when construction would start, if even at all. The other ČVUT faculties refused to assist with co-financing.

Holandské nápady
Dutch Inspiration

Mých dvacet osm let v Nizozemsku nelze zapomenout a mé rozhodování chtě nechtě ovlivňuje moje druhá přirozenost. Kolegové si pomalu zvykají na mé občas pro ně nesrozumitelné překlady holandských pořekadel. K tomu, abych, jak jsem slíbil, „slona obrátil" – to znamená, fakultu proměnil v živý a čilý organismus –, je ještě daleko. Ale rok 2007 je krátce po vstupu České republiky do Evropské unie a dobrý příklad ze západní Evropy možná některé hlavy probudí. Nápad pozvat skupinu nizozemských architektek měl řadu důvodů.
Emancipace ženských architektů v Nizozemsku je mnohem dále než v Čechách, existuje dnes už poměrně dost „ženských" kanceláří. Na rozdíl od Česka, kde jsou spíše výjimkou. Během pobytu v Nizozemsku jsem se vždy domníval, že česká společnost je mnohem emancipovanější. Ale zřejmě to byl optický klam, způsobený socialistickými statistikami zaměstnanosti. Paradox, ale nesporný fakt.
Řadu z pozvaných architektek jsem zažil ještě jako studentky na TU Delft, ty nemohly pozvání odmítnout. A nakonec se podařilo do Prahy pozvat i některé světové hvězdy, zřejmě ještě díky atraktivitě sametové revoluce. Nizozemská ambasáda pomohla se spolufinancováním. Do projektu Dutch Ladies

My 28 years in the Netherlands could not be forgotten and my decisions were shaped, like it or not, by this second nature. Only slowly did my colleagues become used to my occasionally garbled translations of Dutch proverbs and phrases. For my promise to "turn around the elephant" – in other words, to transform the faculty into a living and lively organism – there was still much to be done. But in 2007, it was just after the Czech Republic joined the European Union, and good examples from Western Europe could possibly stir up the stagnant waters. The idea of inviting a group of women architects from the Netherlands seemed attractive for several reasons.
The strong role of women in the architectural profession in the Netherlands is far more advanced than in the Czech Republic. Today there are quite a few Dutch "all-woman" studios – in contrast to the Czech situation where this tends to be the exception. When I lived in the Netherlands, I always felt that women's role in Czech society was more emancipated. But this was likely an illusion caused by the socialist employment statistics. Paradoxical, but undeniable.
Many of these women had been students of mine at the TU Delft, and were glad to accept the invitation. And probably through the persistent reputation of the Velvet Revolution, we were even able to bring to Prague several international superstars.

se mi podaří zapojit redaktorku Zlatého řezu Irenu Fialovou, která sehraje v přípravě důležitou roli. Zahajujeme v suterénu Veletržního paláce, kde se všech sedm pozvaných dam – Nathalie de Vries, Dana Ponec, Marianne Loof, Jeanne Decker, Anne Vos, Juliette Bekkering a Liesbeth van der Pol – představí plnému sálu. Bohužel mezi nimi chybí Francine Houben z Mecanoo, která se na poslední chvíli omluvila. Poté přijíždějí dámy do Prahy ještě dvakrát, protože se vlastně jedná o „intervenci" do ateliérové výuky. Přihlášených sedm ateliérových vedoucích – Petr Hájek, Roman Koucký, Ján Stempel a další – jsou konfrontováni s energií a intelektem sedmi architektek, na což nejsou zvyklí... Český intuitivní způsob práce se zadáním i konzultacemi v ateliérech zde naráží na neúprosnou racionalitu a přímočaré otázky Holanďanek. Ne všichni tomu umějí vzdorovat.
Ve stejnou dobu se zaměřuji na kvalitu výuky v prvním ročníku. Tak zvaný ZAN (Základní návrhový ateliér) je vyučován v kombinaci s „vertikálním" ateliérem a způsob výuky je ponechán na nápadech kantora. Chybí nejen metodika výuky, ale i jakékoliv hodnocení kvality. Nejsem profesionální kantor, ale začínám chápat, že za takový amatérismus nechci být zodpovědný. Pro mě nepřijatelným vrcholem této kreativity je ateliér ZANu, kde se studenti učí navrhovat domy podle formy písmen!!! To není vtip. V roce 2008! Začíná další velká debata. Místo na ni si uděláme ve „STAN pro ZAN", ve velkém stanu na sousedním parkovišti. Bohužel jsme jej postavili do bouřlivého počasí, takže nám dovnitř teče, ale srovnání výsledků posledního semestru se nikdo nevyhne. Visí vedle sebe promyšlené modely

Financing was supported by the Dutch embassy.
Organisation of the project, under the title "Dutch Ladies", was arranged by the editor of the architectural journal *Zlatý řez* [Golden Section], Irena Fialová, who played an important role in the preparations. We started in the basement auditorium of the Veletržní Palace, where all seven of the invitees – Nathalie de Vries, Dana Ponec, Marianne Loof, Jeanne Decker, Anne Vos, Juliette Bekkering and Liesbeth van der Pol – spoke to a packed hall. Unfortunately not among them was Francine Houben from Mecanoo, who had to withdraw at the last moment. Later, the "Dutch Ladies" returned to Prague two more times, in this case as an "intervention" in atelier training at the university. The seven atelier heads who signed up – Petr Hájek, Roman Koucký, Ján Stempel and others – were confronted with the energy and intellect of these seven women, something they were not expecting... The Czech 'intuitive' working method, whether on specific assignments or consultations in student ateliers, here clashed with the relentless rationalism and blunt questions from the Dutch visitors. And not everyone could hold up against them.
At the same time, I focused on the quality of instruction for first-year students. The introductory design module, known as ZAN [*Základní návrhový atelier*, i.e. 'Introductory Design Atelier'] was taught in combination with a "vertical" atelier, i.e. assignment to a particular instructor's atelier throughout the study program, in which the method of instruction was left entirely to the whims of the teacher. Not only did the system lack any standard methodical approach, but even worse any evaluation of quality. I am no trained pedagogue, but I realised quickly that I had no desire to take responsibility

Skica Helgy Snel po účasti v Dutch Ladies (2007)
Sketch by Helga Snel after participation in the "Dutch Ladies" symposium (2007)

podzemních prostor, které mají za úkol pochopit problematiku světla i měřítka a na druhé straně jsou výsledky „vciťování" studentů do přírody, které mají blíže ke skautským „bobříkům" než k promyšlené výuce začátečníků studia architektury. Heslo „všechno je možné" se pod tímto tlakem hroutí.
Začíná seriózní debata o výuce na začátku studia, která bude pokračovat další desetiletí...
Do kategorie „holandských nápadů" patřil i pokus o rozšíření spektra výuky o nové obory. Netušil jsem obří rozměr změny, kterou tím vyvolám, ale všiml jsem si, že na ČVUT de facto chybí jeden ze zásadních oborů: Industrial Design. Některé pokusy byly zamíchány do výuky různých ateliérů a dalších fakult, ale jasný směr chyběl. Moje iniciativy byly přijaty se všeobecnou nedůvěrou. Nehledě na to jsem vytvořil pracovní skupinu, která měla za úkol přemýšlet o možnosti otevřít výuku v novém směru. Do přípravy se zapojil Patrik Kotas, snažil jsem se získat pro myšlenku i další designéry. Přidal se Alexius Appl a pár mladších; na UMPRUM se to doslechli a reagovali podrážděně. Přesto jsme vyrazili na obhlídku do ciziny. Do Eindhovenu a Delftu v Nizozemsku, ale i jinam. Na TU Delft existuje samostatná Fakulta I. O. (Industrieel Ontwerp), která je epicentrem vynalézavosti a propojením různých technických směrů. Myšlenku nakonec pochopilo i vedení ČVUT a netrvalo dlouho, když jsme požádali o akreditaci nového oboru. Díky Kotasovi, Applovi a několika dalším, kteří se s otevřenou myslí pustili do realizace výuky. Postupně se do výuky zapojili i jiní. Kampaň, která pak byla rozpoutána proti svéráznému Kotasovi, jsem

for such amateurism. For me, the least acceptable culmination of this creativity was the ZAN atelier where the students designed buildings in the shape of letters of the alphabet!!! In 2008! This is no joke! Another extensive debate began. In response, we created our "ZAN Tent", inside a large tent in the parking area. Unfortunately, we raised it in stormy weather, meaning that inside it leaked, but the comparison of results from the previous semester was unavoidable. Hanging alongside each other were well-conceived models of underground spaces, with the aim of providing understanding of the problems of light and scale, and by contrast the results of students' "self-integration" into nature, more like Scouting badges than a coherent instruction program for beginning architecture studies. The slogan "everything is possible" began to collapse under pressure from its results.
Now a genuinely substantive debate began about first-year instruction, which would continue through the next decade...
Also belonging to the category of "Dutch inspiration" was my attempt to expand the spectrum of teaching to include new fields. I had no sense of how sweeping the change I set in motion would be, but I noticed that clearly the ČVUT essentially lacked one of the subject's crucial disciplines: Industrial Design. Certain attempts had been mixed in with the training of various ateliers and courses at other faculties, but a clear direction was sorely absent. My initiatives were received with widespread mistrust. All the same, I brought together a working group given the tasks of reflection on the possibilities of opening a degree program in this new subject. Joining the preparations was Patrik Kotas, prominent in the design of Prague's new metro stations and various rail vehicles; meanwhile I tried to interest

1

2

3

1–2 Dutch Ladies v akci na Fakultě architektury ČVUT v Praze (duben 2007)
The "Dutch Ladies" in action at the Faculty of Architecture, ČVUT, Prague (April 2007)

3 Účastníci sympozia Dutch Ladies v debatě se studenty
Participants in the "Dutch Ladies" symposium in discussion with students

bohužel zastavit nedokázal. Umělecká nevraživost v tomto malém oboru mi dodnes zůstala nepochopitelná. Souběžně probíhající pokusy o formulaci východisek pro další obory: Prostorové plánování, Krajinářská architektura a City Development stály hodně času a energie, ale během mého děkanování neuzrály pro realizaci. Potřebovaly mnohem více času až do dalšího období.

other designers in the idea. These included Alexius Appl and a few younger colleagues; the Academy of Applied Arts [UMPRUM] found out about it and reacted with great displeasure. Nonetheless, we set off on an international tour for inspiration, stopping in Eindhoven and Delft as well as institutions outside the Netherlands. At the TU Delft, we encountered the autonomous I. O. Faculty [Industrieel Ontwerp], an epicentre of invention and cooperation between various technical fields. Finally, the idea met with understanding from the ČVUT administration and not long after we put in the request for accreditation of the new field. It was mostly thanks to Kotas, Appl and a few others who launched the realisation of the teaching with open minds. Over time, several more instructors joined in. Alas, I was unable to prevent the public campaign later whipped up against the strong personality of Kotas. Artistic rivalry in this small field is something I still cannot understand.

The parallel attempts at formulating clear standpoints for several other departments – Spatial Planning, Landscape Architecture, City Development – took up much of my time and energy, but never matured for realisation during my tenure as dean. Much more time was necessary for future years.

Nejen úřad
Not Only Administration

Od samého začátku na fakultě jsem nechtěl jen vykonávat děkanskou funkci, ale chtěl jsem mít přímý kontakt se studenty, otevřít vlastní ateliér. Z pozice děkana nebylo těžké ustanovit „děkanský ateliér", ale kvůli zkostnatělé metodice financování bylo obtížné takový ateliér systémově financovat. Prostor rozhodování děkana je naštěstí dostatečně velký na to, aby tuto potíž mohl překonat, zejména pokud nejsou peníze pro něj to nejdůležitější. Ustavení ateliéru znamenalo přijetí vyučujících asistentů.
Do výběrového řízení se jich přihlásilo hned několik. Vybírám ty, které jsem již znal z předchozích let. Udělali mi radost, že se neočekávaně přihlásili Hana Seho-Münzová a Josef Mádr. Zahájili jsme výuku projektem v Kladně; volba zadání nám vůbec nebyla jasná, hledali jsme na začátku úkoly, které nás samotné zajímaly, a nehleděli jsme příliš na přání studentů. Naše spolupráce fungovala od samého začátku bezvadně, rozuměli jsme si bez dlouhého vysvětlování. Oba asistenti si za krátkou dobu získávali vlastní autoritu. Vydrželi jsme společně déle, než trvala má funkce, pak už museli oba dostat vlastní prostor pro samostatnou výuku a volbu vlastních témat.
Byli jsme i vyzváni pracovat na přípravě nového generelu ČVUT. Úloha, na jejíž

Right at the start of my time at the faculty, I wanted not only to perform my duties as dean, but also to have direct contact with the students and open my own studio. Bearing in mind my position, it was not difficult to set up a "dean's studio", but because of the ossified financing methods it was difficult to find systematic funding for this atelier. The decision-making range of a dean, though, is fortunately sufficiently wide to allow such a barrier to be overcome, particularly when money is not the most crucial factor.
Starting the studio implied the selection of teaching assistants. Several applications were sent into the selection process, so I chose those whom I'd known from previous years. I was pleased when unexpectedly Hana Seho-Münzová and Josef Mádr made their applications. We started instruction with a project for the outlying industrial town of Kladno. The choice of an assignment was entirely unclear for us; at the start we all looked for the tasks that interested us personally and took little care toward the students' wishes. Our cooperation, though, from the very start worked perfectly, since we understood other well without any long explanations. Both assistants in a short time won their own authority. We held together even beyond my term in office; then, understandably, both needed to find space of their own for their own teaching and choice of themes.

složitosti si vylámaly zuby předchozí generace. Pustili jsme se do práce s vervou. Navrhli jsme využít prostorových rezerv dejvického kampusu pro rozšíření některých fakult a výzkumných pracovišť. Bohužel vedení univerzity za rektora Havlíčka sice studii přijalo, ale další kroky už podniknout nedokázalo. Všechna energie a finance šly do přestavby budovy pozdějšího CIIRKu (Český institut informatiky a kybernetiky) a studie generelu dejvického areálu skončila jen v šuplíku.

Při výuce jsem si všiml, že moje dávná averze vůči bytovým projektům, kterou jsem v Nizozemsku s obtížemi překonával, stále mezi českými architekty existuje. Hlubší znalost problematiky bydlení chyběla, vše bylo podřizováno developerským zájmům a na studentských projektech to bylo vidět. Jak ale má někoho něco naučit, když to sám neumí? U vlastních studentů jsme se snažili (v ATZB projektech) problematiku bydlení, i ve vztahu k urbanismu, přiblížit. Ne vždy s viditelným úspěchem.

To mě přivedlo k myšlence vypsání samostatné studentské soutěže „Druhá kůže". Srovnání semestrálních bytových projektů mělo svůj efekt a vydrželo další léta. Zásluhu na jejím rozpracování měla i moje první doktorandka Irena Boumová, která jí věnovala hodně energie.

Po několika semestrech jsem reagoval na změny ve škole tím, že jsem znovuotevřel Ústav navrhování II, který se stal možností spolupracovat s dalšími obdobnými ateliéry a organizovat vše na širší bázi než jen v děkanském ateliéru. Podnět k tomu dali starý známý Eduard Schleger a jeho kolega Lukáš Liesler, kteří se už po léta snažili o vidi-

We were also invited to work on preparation of the new ČVUT construction and expansion plan – a task whose complexity had daunted many of the previous generation. All the more reason to set about our work with verve. We proposed using the available space in the Dejvice campus to expand several faculties and research institutions. Unfortunately, the administration under rector Havlíček accepted the study, but was unable to take any further steps on it. All efforts and funding went into the rebuilding of the block that would house the CIIRK (Czech Institute of Informatics and Cybernetics) and the study for the Dejvice campus's development plan was consigned to the drawer.

In my teaching, I noticed that my old aversion toward housing projects, which had taken me such effort to overcome in the Netherlands, still flourished among Czech architects. Deeper knowledge of the question of housing was nowhere to be found, everything was subject to developers' financial interests, and the result was visible in the student projects. But how could something be taught if no one knew it? Among my own students I tried to draw attention (in the ATZB projects) to the problems of housing, also in relation to urban planning. But not always with evident success.

All this led me to the idea of starting a new student competition, under the title "Second Skin". Comparison of the semester-long housing designs had its effect and continued into the next years. The credit for its formulation is due to my first PhD advisee, Irena Boumová, who put enormous energy into it.

After several semesters, I reacted to the changes in the institution by reopening the Department of Architectural Design II, allowing for the possibility of collaboration

1

2

3

4

1 Studentský plakát k ateliérovému projektu MAGGIE'S CENTER
Student poster for the atelier project MAGGIE'S CENTER
2 S kolegy při prohlídce výsledků ateliéru
Viewing the atelier work with colleagues
3 Výstava výsledků ateliéru Zavřel/Seho/Mádr
Exhibition of student work from the Zavřel/Seho/Mádr atelier
4 Závěrečná prezentace
Final presentation

telné výsledky s tématem ekologie. Postupně se pod hlavičkou Ústavu začali shromažďovat studenti, kteří se rovněž o téma zajímali, takže během poměrně krátké doby disponoval několika kvalifikovanými pedagogy a doktorandy. Nebylo nelogické, že při jedné z prvních reakreditací jsme převzali zodpovědnost za předmět Ekologie I. A z takto vznikající skupinky postupně vyrůstala síla, která vedla k realizaci Decathlonu, ale o tom až později.

with similar design ateliers and organising instruction on a wider basis than possible in the dean's atelier alone. The impulse for this was given by a longstanding personal connection, Eduard Schleger, and his colleague Lukáš Liesler, who had spent years working to achieve greater results on the theme of environmental sustainability. Over time, the department began to attract students who shared an interest in the topic, so that within a relatively short time we had at our disposal several qualified instructors and graduate students.
It was only logical that during one of the first reaccreditations we assumed responsibility for the subject "Ecology I". And it was from the group arising from this class that there gradually emerged the force leading toward the Solar Decathlon – but this is a subject for later.

1

2

3

4

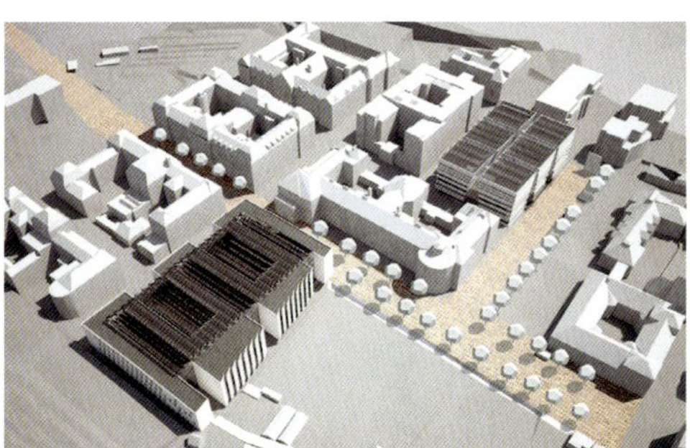

5

1 Soutěžní návrh na rekonstrukci Vítězného náměstí v Praze (Zavřel, Jelínek, 2018)
Competition design for reconstruction of Vítězné náměstí in Prague (Zavřel, Jelínek, 2018)

2–4 Studie Generelu ČVUT v Praze – varianty (Zavřel, Seho, Mádr)
Study for the ČVUT Development Masterplan, Prague – variations (Zavřel, Seho, Mádr)

5 Soutěžní návrh Kampusu Karlovy univerzity v Praze na Albertově (Zavřel, Seho, Ulrich)
Competition design for the Charles University campus at Albertov, Prague (Zavřel, Seho, Ulrich)

Otevření nové Fakulty architektury ČVUT v Praze (březen 2011)
The opening of the new Faculty of Architecture at the ČVUT in Prague (March 2011)

Novostavba
The New Faculty Building

Během mého prvního termínu se začal připravovat pro realizaci soutěžní projekt architektky Aleny Šrámkové na novou Fakultu architektury na pozemku v areálu ČVUT, sousedícím s budovou A. Prorektorem pro výstavbu v období rektora Václava Havlíčka se stal Miloš Pavlík a ten má nespornou zásluhu na tom, že projekt nové budovy ČVUT byl i nadále připravován k realizaci.
V roli děkana jsem se stal trochu nechtěně budoucím „uživatelem" a očekávalo se ode mě, že se budu podílet na schvalování jednotlivých částí projektu. Program pro přípravu soutěže dával dohromady Ladislav Lábus na základě tehdejších norem a požadavků (2002). Nebyla to pro mě příjemná role. Soutěže jsem se sám nezúčastnil, vybraný projekt jsem považoval za poměrně konzervativní odpověď na úžasné téma –„Fakulta architektury"! Nakonec i porota, která o projektu rozhodla, jej dala až na druhé místo. Lepší návrh nebyl?
Alenu Šrámkovou jsem znal ještě z doby jejího působení v Ateliéru Delta a občas používaný titul „první dáma české architektury" jsem vždy považoval za nesmyslný, protože degraduje všechny ostatní ženy – architektky. Sledoval jsem její složité a upřímné hledání vlastního stylu, vždy jsem si Šrámkové vážil. Setkali jsme se teď ve velmi odlišných pozicích.

During my first term, preparations began for the construction of the competition design of architect Alena Šrámková for the new Faculty of Architecture building on the ČVUT campus, adjoining the current Building A. The vice-dean for construction under rector Václav Havlíček was Miloš Pavlík, and he holds the indisputable credit for ensuring that the design or the new faculty building was made ready for construction.
As dean, I had somehow unwittingly become the future "user", with the expectation that I would have a share in approving the individual sections of the project. The program for preparing the competition had been compiled by Ladislav Lábus on the basis of the standards and requirements current in 2002. For me, this was not a pleasant role. I had had no part in the competition, and regarded the chosen project as a somewhat unduly conservative response to what should be such a welcome theme – the nation's leading architecture faculty! Indeed, even the jury voting on the project only awarded it second prize. Were there no better designs?
I'd known Alena Šrámková as far back as her years in Ateliér Delta and regarded the sobriquet sometimes applied to her – "first lady of Czech architecture" as somewhat nonsensical, moreover degrading to all other women who were practicing architects. I'd followed her complex and genuine searching for an individual style, and always admired her

Respektoval jsem jasnou linii projektu fakulty, kriticky jsem se stavěl k některým složitým částem návrhu; řešení garáží a připojení přednáškových sálů k velké hmotě robustní budovy jsem považoval za nešikovné. To se samozřejmě objevovalo v mých komentářích a vedlo k roztrpčenosti autorky projektu. Podařilo se mi prosadit, že návrh interiéru nebude zpracovávat kancelář Aleny Šrámkové, která to považovala za samozřejmost, ale že vypíšeme malou soutěž a zadáme práci někomu jinému. Výsledkem byla volba kanceláře Markéty Cajthamlové, která se této práce zhostila s velkou invencí a také taktem vůči starší kolegyni. Její dopracování projektu v interiéru přineslo do budovy barvy a jasnou grafickou linku!
K napětí přispíval i můj velmi odlišný názor na provádění stavby. Z nizozemské zkušenosti jsem věděl, že některé technologie mohly být provedeny mnohem jednodušším způsobem a tím mohla být zlepšena flexibilita stavby do budoucna. Tak daleko ale můj vliv nesahal, a ani jsem se o to nesnažil; má zodpovědnost byla reakce uživatele; přestavitelné příčky a vodu v ateliérech jsem neprosadil; autorka to považovala „za blbost". Chápu, že měla tehdy mnohem více starostí než se zabývat mou kritikou.
Můj kritický postoj k umístění Hejdukovy sochy *Sebevrah* v prostoru před fakultou tomu také nepomohl. S názorem, že socha do dejvického kampusu nepatří, pak souhlasili mnozí jiní, a nakonec to vedlo k rekonstrukci sochy na místě, kam nesporně patřila, na náměstí Jana Palacha v centru Prahy. Faktem je, že můj vztah s autorkou ke konci stavby klesl pod bod mrazu.
Před stěhováním do nového na konci

work. Now we were meeting in very different positions.
I admired the clean lines of the building's design, but criticised some of the more complex aspects in the plan; the solution of the parking garages and the clumping of the lecture halls onto the huge mass of the imposing building seemed to me awkward. These impressions were understandably voiced in my commentaries, and sparked consternation in the design's author. I was able to insist that the design of the interiors would not be prepared by Alena Šrámková's studio, as she had assumed would be inevitable, but that we would hold a small competition and assign this to someone else. The outcome was the choice of the office of Markéta Cajthamlová, who latched on to the work with great invention as well as tact towards her senior colleague. Here elaboration of the design in the interior granted the building colour and a clear graphic conception!
Contributing to further tensions was my own very different standpoint on the procedure of construction. From my time in the Netherlands, I knew that certain building technologies could be implemented far more simply and thus adding to the building's flexibility toward the future. However, my influence did not reach this far, nor did I try to make it: my responsibilities were the reactions of the user. An idea for adjustable transverse walls and running water in the ateliers met with rejection; the architect regarded it as "idiocy". But I understand that she was then facing far greater difficulties than responding to my critiques.
Nor was I helped by my critical stance toward the placement of John Hejduk's sculpture *The Suicide* in front of the faculty building. However, the view that the American artist's memorial to Jan Palach's tragic protest against the Soviet occupation belonged somewhere else than

1

2

1 Vnitřní atrium Fakulty architektury ČVUT v Praze
Inner atrium of the Faculty of Architecture ČVUT in Prague

2 Slavnostní otevření Fakulty architektury ČVUT v Praze za přítomnosti prezidenta Václava Klause (2011)
Opening ceremony for the new Faculty of Architecture ČVUT in Prague, attended by President Václav Klaus (2011)

roku 2010 jsme přizpůsobili organizaci fakulty nové budově a mnoho se tím vyjasnilo. Tradiční pojetí domu se promítlo i do trochu tradiční organizace, ale zejména pro ateliérovou výuku byla budova velkou vzpruhou.
Otevřením budovy na jaře roku 2011, kdy se během velkolepé oslavy v budově sešlo snad tři tisíce hostů, vstoupila fakulta do nového období. Stala se důstojným stánkem nejen pro výuku architektury, ale i pro související aktivity architektské a umělecké veřejnosti. Rád dodatečně přiznám, že budova svou robustností vyzařuje určitý klid a vnitřní atria napomáhají přehlednosti a jednoduché orientaci. Nakonec se ukazuje, že akceptace budovy je důležitější než úvahy o aktuálnosti návrhu. Byl bych nerad, kdyby mé kritické hodnocení vyznělo nepřátelsky. Na budovu jsem si stejně jako ostatní zvykl, včetně jejích drobných chybiček a chodím do ní rád. Svému účelu slouží zcela určitě lépe než všechny ostatní budovy v dejvickém kampusu.
Vliv budovy na studenty je nesporný. Všichni dnes používají beton jako základní materiál v takové přemíře, že často ani o použití jiných materiálů neuvažují.

the Dejvice campus found many adherents; eventually, the sculpture was reconstructed on the site where it clearly belonged: náměstí Jana Palacha in the centre of Prague, close to Palach's own alma mater, the Faculty of Philosophy. Undeniably, though, my relationship with the architect sank to below freezing.
Before our move into the new home at the end of 2010, we worked to match the faculty's organisation with the form of the new building, and many things became notably clearer. The traditional conception of the building was reflected in its somewhat traditionalist ordering, but particularly for atelier instruction the new quarters were a great liberation.
With the opening of the new building in spring 2011, when the impressive ceremony and celebration brought nearly three thousand guests inside, the Faculty of Architecture began a new era. We were now housed in a suitable setting not only for training in architecture, but for associated activities of the architectural and artistic public.
And by conclusion, I am glad to admit that in its solid mass, the building radiates a certain calm, while the internal atriums assist with clear structuring and easy orientation. As it turned out, the acceptance of the building is more important than reflections on whether it was cutting-edge design. I would not like for my criticisms to sound unfriendly: like all the others, I've grown accustomed to the faculty building, including its minor errors, and am glad to work there. And without question, it serves its purpose better than all the other buildings in the Dejvice campus.
What is unquestionable, though, is the building's influence on the students. All of them now use concrete as the basic material to such an excessive degree that they often don't even think to bring in any other substances.

Noví lidé
New Personalities

Změnit směřování fakulty se stávajícím personálem je „mission impossible". Najít ovšem zapálené a dostatečně fundované odborníky, kteří by nahradili ty stávající, rovněž není jednoduché. Setrvačnost struktury ústavů a s nimi spojeného učebního plánu je obrovská. Nemluvě o přímém propojení s financováním ústavů. Pochopil jsem, že „přeorávat" strukturu je nad moje síly, jasnější cesta se mi jevila ve výměně lidí a obměně obsahu existujících předmětů.
U některých ústavů se to podařilo. Teorii a dějiny architektury, Památkovou péči a Urbanismus postupně začaly vést nové osobnosti: Václav Girsa, Matúš Dulla a Jan Jehlík. Zejména poslední jmenovaný se ujal funkce s vervou. Po léta byl v čele kanceláře Hlavního architekta Ústí nad Labem a měl přímé zkušenosti ze současné každodenní praxe. Navíc byl i tak trochu mluvčím své generace. Přivedl na školu řadu dalších lidí, kteří měli dobrý vliv na úroveň výuky. Hned se ujal organizace pravidelných setkání v rámci tzv. Inventury urbanismu, která už řadu let mapuje názory odborné veřejnosti na nová témata. Přesahuje tím rámec školy a fakulta se tím stává opravdu „platformou výměny názorů", tak jak jsem proponoval ve svých úvodních prohlášeních.

Changing the direction of the faculty with its extant personnel is, it became clear, "mission impossible". But coming up with eager yet sufficiently trained experts to replace the ones in their functions is not, itself, much simpler. The inertia in the structuring of departments and the affiliated teaching plans was enormous, not to mention the direct link to the departments' funding.
I came to realise that "re-ploughing the field" of the faculty's structure was beyond my strengths, and I found a more promising path in the replacement of instructors and renewal of the contents of existing course subjects.
For several departments, I had success. History and Theory of Architecture, Architectural Conservation and Urban Design each in turn were led by new personalities: respectively Matúš Dulla, Václav Girsa, and Jan Jehlík. In particular, the last-named individual took up his task with great energy. For several years, he had run the Office of Chief Architect for the industrial city of Ústí nad Labem and had hands-on experience with contemporary day-to-day planning practice. Also, he was something of a generational spokesman, who brought to the school many other people who had a favourable influence on the level of instruction. Right away, he started to organise regular meetings under the heading of "Inventory of Urbanism", which fore many

1

Podobný proces byl nastartován i v jiných ústavech, byť ne všude se to podařilo. Razantním krokem se ukázala výměna na ústavu Nauka o stavbách, který byl jakousi fosilií minulosti, v době, kdy byla škola rozdělena jen podle typologických druhů. Michal Kohout, který se o obnovu ústavu stará, se ukázal zastáncem dvojitého modelu školy a snaží se teoretickou část výuky propojit s výzkumem a praxí. Technické ústavy za mého děkanování vytrvale odolávaly obdobným změnám; sehnat náhradu za staré pedagogy bylo téměř nemožné...
Tím se vracím ke struktuře fakulty. Podobně jako většina českých škol architektury má pražská fakulta paralelní výuku „předmětů" a „vertikálních ateliérů". Zjednodušeně řečeno „teorii" a „praxi". Trvalý problém je v tom, že výuka je z definice dvojkolejná. Aplikace toho, co slyší studenti v přednáškách a cvičeních, do ateliérové výuky je zcela arbitrární a je ponechána na vedoucích ateliérů, což jsou většinou externisté, kteří se o skutečný chod předmětové části ani moc nezajímají.

years has mapped out the views of the professional community on new themes. Reaching out beyond the academic bounds, it has made the faculty into a genuine "platform for the exchange of opinions", as I had expressed my wish in my first public statements.
A similar process was set in motion in other departments as well, though not always with quite as impressive results. A major step forward happened to be the personnel change at the Department of Building Construction, then still "Building Science", a kind of fossil left from the days when the faculty was divided only by typological category. Michal Kohout, who was in charge of the revitalisation of the department, turned out to be a supporter of the dual-track model of instruction, trying to keep the theoretical part of instruction connected to research and practice. The other technical departments, during my time as dean, resolutely resisted any similar changes, and finding replacements for the old generation of pedagogues was next to impossible...
This topic brings me back to the structure of the faculty. As in most Czech architectural schools, the Prague faculty has a parallel teaching structure of classroom-based "subjects" and "vertical ateliers"; put simply, split between theory and practice. An ever-present problem, though, is that by definition architectural instruction has to run along both tracks. Application of what the students hear in lectures and seminars is integrated into atelier design in a highly arbitrary way, left up to the studio heads, who in turn are usually external instructors who often have little interest in how the courses are taught. This unfortunate hybrid has been formed gradually during the hectic past thirty years and no conditions are yet on the horizon for it to change.

2

3

4

5

1 Účastníci sympozia City Developement
Participants in the City Development symposium

2 S Daliborem Hlaváčkem
With Dalibor Hlaváček

3 Dva děkani – Zdeněk Zavřel a Ladislav Lábus (2006–2022)
Two deans – Zdeněk Zavřel and Ladislav Lábus (2006–2022)

4 Spolupracovníci Hana Seho, Josef Mádr
Atelier assistants Hana Seho, Josef Mádr

5 Porotci soutěže „Druhá kůže" Pavla Kordovská a Jaroslav Šafer
Jurors for the "Second Skin" competition – Pavla Kordovská and Jaroslav Šafer

Tento hybridní model postupně vznikl během posledních rušných třiceti let a podmínky k jeho změně ještě nedozrály.
Snažil jsem se o propojení těchto dvou protipólů. Kupříkladu v prvním ročníku ZANu jsme vynaložili velké úsilí na stanovení jasné metodiky založené na jednoduchých osnovách a zapojení vyučujících do teoretické výuky [kompozice]. Křehkou rovnováhu pomáhal svými přednáškami a praktickými návody upravit profesor Pierre von Meiss z Univerzity v Lausanne. Krátkou dobu fungovala, ale po příchodu nové generace se dohodnuté modely znovu bortí.
Zavedení „vertikálního ateliéru" je na škole považováno za největší výdobytek sametové revoluce. Studenti 2. až 6. ročníku se setkávají nad společnými tématy ve stejném čase i prostoru. Záleží na vedoucím ateliéru, do jaké míry studenti spolupracují a do jaké míry dodržují specifický charakter zadání podle obtížnosti [osnovy Bílé knihy]. Zjednodušeně lze říci, že se postupně vyvinuly dva typy: první založený na společném tématu, lišící se ve způsobu rozpracování; druhý na odlišných tématech jen volně spolupracujících studentů.
Vedoucí ateliérů jsou ve volbě nezávislí, spojení s teoretickou výukou je zcela fakultativní. Výsledky jsou nesrovnatelné.
Považoval jsem za svou děkanskou povinnost nastavit jasná kritéria kvality poskytovaných služeb, především ateliérové výuky. Většina vedoucích ateliérů [je jich pětatřicet!], praktikujících architektů, má na způsob a obsah výuky vlastní, často svérázné názory. Jsou do své pozice sice uváděni děkanem na základě časově omezených smluv,

My desire was to bring these two opposites together. For instance, for the first year of ZAN, we took great pains to establish clear methodical procedures following simple guidelines and the inclusion of the instructors in the theoretical training [composition]. Assisting this delicate balance through his lectures and practical advice was Professor Pierre von Meiss from the University of Lausanne. Briefly, it worked, but after the arrival of a new generation the agreed-on model again collapsed.
The introduction of the "vertical atelier" is regarded at the faculty as the greatest achievement of the Velvet Revolution. Students from their 2nd to 6th years work on shared themes in the same time and space. It depends on the studio head how much the students cooperate with each other and to what extent they keep to the specific character of assignments according to difficulty [the guidelines of the 'White Book']. To simplify somewhat, it could be said that two types have gradually emerged: the first being grounded on a shared theme differing in the methods of treatment, the second in varying themes among students working together only loosely. The studio heads are entirely independent in their selection, and any connection with theoretical training is entirely arbitrary. Hence the results are impossible to compare.
As dean, I saw it as my obligation to set unambiguous criteria for the quality of services provided, specifically for atelier instruction. Most of the studio heads [thirty-five in all!] are practicing architects, each with their own methods and material, and often strongly held views. Though they are appointed to their positions by the dean with term-limited contracts, they practically are hired indefinitely. When I arrived to join the faculty, the quality of atelier results was

ale prakticky vzato na dobu neurčitou. V době mého příchodu na fakultu byla kvalita ateliérových výsledků hodně rozkolísaná a byla de facto hodnocena jen studenty pro jejich vlastní soutěž. Samozřejmě existoval jakýsi fakultní tamtam, založený na „zprávách z chodeb", ale jinak se vedoucím nikdo nedíval ani přes rameno. Navrhl jsem posuzování výsledků ateliérů pravidelnými desetičlennými komisemi, které se skládaly z části z externích architektů a jejichž úkolem bylo sledovat jak zadání úloh, tak i způsob práce a závěrečný výsledek semestru. Hodnocení je pak probíráno ve sborovně vedoucích ateliérů. Tato jediná viditelná kontrola kvality vyvolala (a stále ještě vyvolává) mezi vedoucími ateliérů (šlechtou školy) bouřlivou debatu.

wildly uneven and was de facto evaluated only by students for their own competition. Of course, there existed a kind of rumour-mill based on personal gossip, but otherwise the instructors literally had no one looking over their shoulders. I proposed that the atelier results should be judged by regular meetings of a ten-member commission composed partially of instructors and partially of external architects, with the task of following not only the assignment of tasks but also the working methods and the final semester results. Then, the evaluation is discussed by the studio heads together. Though it is the only visible form of quality control, it provoked (and still provokes) passionate debate among the studio heads, as a kind of academic aristocracy.

Studenti při zahájení „nocovky"
Students starting the "all-nighter"

Studenti
The Students

Studium architektury zřejmě zůstává atraktivním oborem i v době, kdy je hmotná realita postupně nahrazována realitou virtuální. Existující model financování školy nutí každého děkana ke zvyšování počtů příchozích anebo alespoň do stabilizace počtu studentů. Rozdělení studia do dvou fází (bakalářské a magisterské) přispívá k výraznému posílení charakteru obou fází. Zátěž v bakalářském stupni je enormní, kombinace řady předmětů a poměrně obtížné ateliérové výuky nedává studentovi mnoho volnosti. Naopak magisterské studium mnohem více závisí na vůli studenta. Bohužel to vede ke stávající praxi, kdy si většina magistrů vydělává v architektonických kancelářích a občas se dostaví do školy kvůli splnění kreditů. Navíc v této fázi odjíždí velká část studentů na zahraniční praxe.
Od samého začátku mého působení na fakultě považuji studenty za naše klienty. Nejde tedy o naplnění čísel, ale o jejich spokojenost. Díky studentům jsem byl zvolen, a proto jsem se od samého začátku snažil s nimi přímo komunikovat. Prosazoval jsem tento postoj vždy i vůči personálu administrativy, který často vidí studenty jako nutné zlo.
Dá se mluvit o zpětné vazbě mezi studenty a vedením školy?

It would seem that the study of architecture remains an attractive field even in an age when material reality is gradually being replaced with its virtual counterpart. The implemented model for financing the university forces every dean into increasing the number of arrivals or at least ensuring a stable figure of students.
Splitting the study period into two phases (bachelors' and masters') contributes to a significant strengthening of the character of both parts. The burden at the bachelors' level is enormous; combining the long list of mandatory subjects and relatively difficult atelier instruction does not leave the student with much freedom. By contrast, the masters' level depends far more on the individual student's will. Unfortunately, this has led to the present situation in which most of the masters' students take jobs in architectural studios and only occasionally show up at the school to complete their credits. Additionally, it is also in this phase that a large portion of the students leaves for internships or study abroad.
From the very start of my engagement at the faculty I have regarded our students as our clients. Not in terms of meeting numerical targets, but of ensuring their satisfaction. Thanks to the students, I was elected dean, and in response I have always tried to maintain direct communication with them. I've also insisted continually on this attitude with the administrative staff, who all too

Jedna z nich je práce ve fakultním Senátu. Senát je jedna z porevolučních vymožeností. Studentské zastoupení tvoří jednu třetinu členů, není úměrné studentskému přínosu ke skutečnému chodu školy. Projeví se především při volbě děkana, ale během každodenní rutiny je nad studentské síly celou agendu pozorně a aktivně sledovat. Zažil jsem celou řadu aktivních studentů, kteří se snažili práci v Senátu dělat systematicky. Většinou se ale jednalo o jedince, kteří neměli jednoduché spojení se základnou, která je zvolila. Vzpomínám kupříkladu na Jana Kazimoura, který byl v době mého zvolení jedním z nejaktivnějších. Mohu vyjmenovat i jiná jména, ale vždy se jednalo o výjimky, nikoliv o pravidlo.

Druhá zpětná vazba je studentská cena Olověný Dušan. Nezávislost studentů na vedení fakulty je základním předpokladem pro tradici této trochu anarchisticky laděné ceny. Je pochopitelné, že jako děkan fakulty v žádném případě tuto cenu získat nelze. Sama volba poroty je už anti-autoritativním činem. Bohužel se během mého působení stalo, že byli do ní zvolení mladší bývalí absolventi, kteří „si to chtěli vyřídit" s fakultou, takže nejenže vybírali nejlepší projekty a pedagogy, ale neváhali také vybírat ty, kteří byli dle jejich názoru nejhorší. Nevím už přesně, ve kterém roce to bylo, ale to byl jediný případ, kdy jsem se ozval. Jinak má Olověný Dušan svou skvělou atmosféru a pro oceněné je skutečnou prémií.

Třetí zpětná vazba jsou ankety. Poněkud anarchisticky laděné postoje studentů architektury na rozdíl od ostatních oborů nedovolují spoléhat na výsledky oficiálních anket týkajících se kvality předmětů nebo jednotlivých

often view the students as a necessary evil. Can we speak about mutual feedback between students and the university administration?

One such area is the activity of the Academic Senate. This elected body is another of the post-1989 gains. The student representation forms one-third of the members, which is not disproportionate to the student contribution to the actual functioning of the institution. It is manifested mostly during such events as the election of a dean, yet during the everyday routine it is beyond the students' strength to keep attentive and active watch over the wider agenda. I have, of course, met with several highly active students who have tried to perform their elected function in the Senate systematically. Usually, though, these were individual cases without a clear connection to the base who voted for them. I remember, for instance, Jan Kazimour, who at the time of my election was one of the most active. I could cite other names as well, but always as exceptions, not as the rule.

A second form of feedback is the student prize "Olověný Dušan" [Lead Dušan]. Student independence from the faculty administration is the driving force behind the tradition of this somewhat anarchistic-minded prize. It is only understandable that as the dean of the faculty, I could never receive it. Even the selection of its jury is a kind of anti-authority statement. Unfortunately, during my time in office it occurred that several young recent graduates were elected to the jury, who wanted to get back at the faculty, meaning that they didn't only vote on the best projects and instructors, but went on to select those they deemed the worst.

I don't remember precisely what year it was, but this was the only time when I intervened. Otherwise, Olověný Dušan has its own wonderful atmosphere and is a genuine honour for those who win it.

ateliérů. Jediná anketa, kterou vyvolali studenti sami, byla tak rozsáhlá, že její vyhodnocení trvalo příliš dlouho nato, než aby něco vyřešila. Nejlépe fungují ankety improvizované…
Zůstává publikace v *Alfě:* časopis kapesního formátu, založený na začátku mého působení ve škole, zdomácněl a je dodnes jakousi živou kronikou školy. Studenti i absolventi zde pravidelně dostávají příležitost se k dění na škole vyjadřovat a myslím, že tento informační kanál v podstatě funguje velmi dobře.
Často jsem používal citát z Louise Kahna: „Učitel je ten člověk pod stromem, který má kolemstojícím co říci…" a měl jsem ambici takovým člověkem být. Ne vždy se mi to dařilo. Těžiště mé práce na Fakultách architektury jak v Delftu, tak i v Praze bylo v ateliérové výuce. A přitom se člověk opírá o svou vlastní praxi, kterou sem tam doplní trochou teorie. Vždycky jsem se cítil učitelem amatérem a opíral jsem se především o své praktické zkušenosti. Z reakcí studentů jsem pochopil, že moje poznámky při korekci jim uvízly v paměti. Dokonce na to veřejně vzpomínal i Winy Maas z MVRDV, kterého jsem zažil jako studenta druhého ročníku TU Delft.
Ve zpětném pohledu není krásnějšího momentu, než když pomůžete studentovi pochopit podstatu toho, co právě řeší. A radost z toho, že student pochopí, reaguje vlastní fantazií a nápadem, je nenahraditelná…!

The third feedback form is the survey. The somewhat irreverent stance of architecture students, in contrast to those of other technical fields, does not allow for complete dependence on the results of official surveys addressing the quality of courses or ateliers. The one survey created by the students themselves was so extensive that its full evaluation took too long for it to address anything. Best are the surveys we improvise…
There is also the publication *Alfa:* a pocket-sized magazine created at the start of my term as dean, which established its own tradition to serve even today as a living chronicle of the faculty. Here, students and graduates are regularly granted the chance to express themselves on events in the school, and I would say that this information channel manages to function very well.
Often have I invoked the quotation from Louis Kahn: "Schools began with a man under a tree who did not know he was a teacher…", and it was my aim to be precisely that. It has not always been successful. The real focus of my work at faculties of architecture, whether in Delft or in Prague, lay in atelier training. And here instructors rely on their own practical experience, here and there spiced with a bit of theory. As a teacher, I have always felt myself an amateur, and thus rely mostly on my recollections of practice. But from my students' reactions, I have realised that my remarks in corrections stick in the memory. I even heard a public recollection of it from Winy Maas of MVRDV, whom I had as a second-year student at the TU Delft.
Looking back, there is no more beautiful moment than helping a student to understand the essence of what they were doing right then and there. And the joy of seeing the student understand, react with original imagination and ideas, is irreplaceable…!

1

2

3

1 Montáž týmu ČVUT v Irvine v Kalifornii
The ČVUT assembly team, Irvine, California
2 Po vyhlášení výsledků SOLAR DECATHLON v Irvine v Kalifornii
After announcement of the SOLAR DECATHLON results, Irvine, California
3 Definitivní návrh Air House před zahájením výroby (2013)
The finalised Air House design before starting production (2013)

SOLAR DECATHLON

Nejkrásnějším příkladem spolupráce se studenty se stal úplně neočekávaně projekt, který se de facto fakultní výuce zcela vymykal. Možnost účasti v roce 2013 na americké studentské soutěži SOLAR DECATHLON objevili studenti sami. Někteří z nich studovali jako doktorandi u Eduarda Schlegera a k nim se přidali další. Vše začalo nevinně, nikdo netušil, že se podaří projít prvním kolem přihlášek. Soutěž je založená na deseti odlišných disciplínách, z nichž architektura je ta nejviditelnější, ale dalších devět má vyloženě technický anebo sociální obsah. Podstatou je princip design & build, projekt musí být realizován nejen na papíře, ale i ve skutečnosti daleko za mořem.
První prezentované nápady, které ilustrovaly zájem o téma, zapracované do první přihlášky, zaujaly svou čerstvou invencí. Přijetí bylo velkým povzbuzením pro všechny. Začal se formovat tým pod vedením Dalibora Hlaváčka, který měl připravit první návrh.
První návrh tzv. Air House byl jasnou odpovědí na zadané vícesměrné otázky: pevný blok, ze kterého se rozvinula pneumatická membrána sloužící jako velký obytný prostor, podobnou logikou, jakou používají vesmírné lodě. Vypisovatelé soutěže uchváceni, škola získává finanční podporu na realizaci nápadu. Neuvěřitelné se stává realitou...!

The most wonderful instance of cooperation with the students happened to be a completely unexpected project that essentially lay entirely outside university instruction. The chance to participate in the American student competition "SOLAR DECATHLON" was something that the students themselves discovered in 2013. Some of them were PhD candidates under Eduard Schleger, and these were joined by others. It all began unassumingly; no one could have known even if we could pass through the first round of application. The competition was based on the use of solar energy in ten different disciplines – architecture as the most visible, while the remaining nine had an explicitly technical or social aim. Essential to the process was the "design & build" principle, that the project must be realised not only on paper but in reality across the Atlantic.
The first ideas presented, illustrating the level of interest in the theme, were prepared for the first application and received a favourable response for their fresh inventiveness. Acceptance was a major encouragement for everyone.
A team began to form under the direction of Dalibor Hlaváček, assigned with preparing the first design.
The first plans for the "Air House" provided a clear response to the multidirectional questions in the guidelines: a firm block from which there emerged a pneumatic membrane serving as a large living space, using a similar logic to that used in spacecraft. The organisers

Začíná boj s časem. Trochu utopický nápad založený na fólii se zázračnými vlastnostmi, se ukazuje jako nerealizovatelný. Architekti v týmu začínají znovu od nuly, skici, modely, zkoušky a rady starších. Rychle krystalizuje nová interpretace původního nápadu a zároveň se rozdělují pozice v přípravném týmu. Ve velmi krátké době putuje k odsouhlasení do Ameriky realistický návrh dřevostavby, sice pod původním názvem, ale založený na reálných dimenzích a dosažitelných materiálech. Dostáváme souhlas s realizací. Od tohoto momentu musí být tým doplněn o řadu studentů z jiných profesí z dalších fakult ČVUT.
Nenápadně, ale pod velkým tlakem začínáme řešit financování celého projektu. Americká podpora samozřejmě nestačí, je potřeba hledat další zdroje a sponzory. Vedení Fakulty architektury i vedení ČVUT pomáhá, kde může. Řada firem, které pomohou s realizací, je ochotna se na stavbě podílet za režijní ceny: dřevozpracující podnik, ocelové doplňky, hliníkové stěny, technická zařízení, chlazení, fotovoltaika. I maličká stavba je stavbou v celé své složitosti. Prováděcí projekt, zpracovaný v BIMu, už obsahuje řešení dalších disciplín. Navíc musí začít detailně počítat s omezenými možnosti přepravy lodními kontejnery.
Objevují se tváře lidí z různých podniků, kteří chtějí projektu pomoci. Lidé z Metrostavu, Sipralu, od BISKUPa a dalších. Studující doktorand Jan Žemlička, původně vzduchař, koordinuje tepelnou techniku. Neúprosně se blíží termín, kdy musí být „mock-up" – stavba 1 : 1 – sestaven v předprostoru fakulty, aby nic nechybělo.
V červnu 2013 proběhne slavnostní

were overwhelmed, and the university received financial support for realising the design. The unbelievable had become reality...!
Now the race against time began. And the somewhat utopian idea based on a miracle-material foil turned out to be unworkable. The architects in the team started once again from scratch: sketches, models, tests, advice from their seniors. Quickly a new interpretation of the original idea crystalised, while in parallel the positions were assigned for the preparation team. In a very brief time, they sent off to America a realistic design for a conventional wood structure, using the original title but now grounded in realistic dimensions and accessible materials. Agreement was granted for this design's realisation. From this point on, the team required the addition of many other students from other professions and other faculties of the ČVUT.
Quietly [yet under enormous pressure] we also started addressing the finances of the entire project. The American funding, understandably, fell short and we needed other sources and sponsors. The administrations of the Faculty of Architecture and the ČVUT as a whole chipped in what they could. Several firms helping with realisation were willing to offer their services at cost: woodworking, steel fittings, aluminium walls, technical equipment, cooling, photovoltaics. However small, it was a full building project in its full complexity.
The accompanying blueprints, prepared in BIM, already contained the solutions from the other disciplines. Moreover, they had to work in detail against the limitations necessitated by its transport in shipping containers.
Representatives showed up from a wide variety of Czech firms wishing to aid the project – Metrostav, Sipral, BISKUP, and others. A current graduate student, Jan Žemlička, originally a ventilation expert, coordinated the heating

představení reálného Air House před fakultou za účasti celé školy, rodičů a externích firem: potvrzuje, že jsme schopni splnit neuvěřitelné časové limity. Následuje rozebrání stavby na prvočásti a balení do sedmi přepravních kontejnerů.
V září téhož roku se na letišti v Irvine nedaleko Los Angeles hlásí u pořadatelů celý tým ČVUT, sestávající z více než dvaceti studentů a některých pedagogů. Pod zářícím kalifornským nebem začíná vybalování součástí z kontejnerů za pomoci najatých autojeřábů všech dvaceti účastníků závěrečného kola soutěže. Většina jich je ze Spojených států, jen dva jsou odjinud. Největším soupeřem našeho týmu se stává TU Vídeň.
Během desíti dnů si náš tým zopakuje sestavování jednotlivých dílů do kompletní stavby, teď už ale naostro; nic nesmí chybět! Ve vražedném termínu vše hotovo a přichází hodnocení porotou i zvědavým publikem. Bodování je přísné, malé chybičky se mstí, dokonce je průběžně hodnoceno dodržování bezpečnosti práce! Za pár kouřících studentů v zákoutí stavby dostáváme trestné body…
Všechny týmy se sejdou ve velkém hangáru a je vyhlašován výsledek soutěže, který mohl být průběžně sledován i z dálky po internetu. Tým ČVUT se umísťuje celkově na 3. místě (z dvaceti týmů) a získává první místo v nejdůležitější kategorii Architektura.

technology. And the deadline was rapidly approaching for the construction of the mock-up – in 1 : 1 scale – outside the Faculty building to ensure nothing was missing.
By June 2013, we held the celebration presenting the actual Air House outside the building, with guests from the entire institution, students' families, and external companies. We showed clearly that we could meet the unbelievable time constraints. Now it was time for dismantling the house and packing it into seven transport containers.
In September of the same year, our entire team – consisting of over twenty students and a few instructors – officially registered with the competition organisers at the airport in Irvine, not far from Los Angeles. Under a radiant California sky, all twenty teams in the final round of the competition started unpacking their components from the shipping containers with the aid of leased cranes. The vast majority were from the USA, only two from elsewhere: our team from Prague and its greatest rival, the one from the Technical University Vienna.
In a mere ten days, our team repeated the assembly of the individual components into a complete building, but now for real: nothing should be missing! Meeting the harsh deadline, everything was ready and the jury arrived alongside the interested public. The scoring was strict indeed; no error was too small to be noticed. Even during the construction, they kept an eye on us regarding the working conditions; when a few students were caught smoking in a corner of the structure we were docked several points…
All teams then met in one of the aircraft hangars and the competition results announced, with many in Prague watching over the internet. The ČVUT was given third place out of twenty in the overall competition, and won first place in the most important category, architecture.

1

2

3

4

1 Profesorská přednáška na VUT v Brně (2009)
Professorship lecture at the VUT in Brno (2009)
2 Publikace VCPD
Publication of Research Center for Industrial Heritage
3 Přehlídka návrhů „Útulny"
Research by design "Shelters"
4 Přehlídka návrhů „Lávky"
Research by design "Footbridges"

Výzkum v architektuře
Research in Architecture

Projekt SOLAR DECATHLON je hraničním příkladem aplikovaného výzkumu v oboru architektury. Ve srovnání s dalšími účastníky závěrečného kola soutěže jsme konstatovali, že důraz na teoretické aspekty nám pomohl k dobrému výslednému hodnocení.
Ale zpět k tradici pražské fakulty. V socialistickém období existovaly formálně instituce, které měly za úkol sledovat z teoretické pozice společenské působení architektury, v paměti mi zůstaly VÚVA, ČSVA a STÚ. Výraznou osobností byl ku příkladu sociolog Jiří Musil, jehož práce přesahovaly hranice strnulé formality už v šedesátých letech. Díky letité spolupráci s demografy, urbanisty i architekty Musil dokázal důmyslně propojit sociologii i s těmito dalšími obory. Pokud si vzpomínám z doby studia, omezovaly se výzkumné práce na fakultě převážně na oblast historie.
Po příchodu na fakultu v roce 2006 zjišťuji, že existuje jakýsi pojem „výzkumný úkol", pod kterým se skrývá teoretická práce některých ústavů. Zdá se mi hodně formální a účelově zaměřené na získání výzkumných grantů. Výjimku tvoří Výzkumné centrum průmyslového dědictví (VCPD), pod vedením Benjamina Fragnera sleduje české průmyslové památky a soustavně publikuje své výsledky.

The SOLAR DECATHLON is an extreme, though illustrative, example of applied research in the architectural field. Comparison with the other participants in the final round led us to conclude that emphasis on theoretical aspects helped us to our good final ranking.
But, to return to the tradition of the Prague faculty: even in the socialist era there operated formal institutions with the task of observing the social effects of architecture from a theoretical standpoint, as I can recall the Research Institute for Construction and Architecture (VÚVA), the Czechoslovak Centre for Construction and Architecture (ČSVA) or the Structural-Technical Institute (STÚ). A significant personality was sociologist Jiří Musil, whose research stretched across the strictly guarded boundaries even in the 1960s. Through long cooperation with demographers, urban planners, and architects, Musil was able to forge an intelligent linking of sociology with these other fields. Yet as far as I can remember from my own student years, theoretical research at the faculty remained primarily limited to the area of history.
After I joined the faculty in 2006, I learned of the existence of something called the "research task", a moniker covering the theoretical work of several departments. To me, it appeared very formalistic and cut too precisely to the purpose of winning research

Seznamuji se nepřímo s formou existujícího doktorandského studia; zjišťuji přesná pravidla a podmínky. Důležitou roli hraje volba zkoumaných témat. Pokouším se ovlivnit jejich volbu. Zdá se mi, že rozpracování témat jako „Hřbitovní tradice v Řecku" síle fakulty nepomůže. Zvu Maxe Risseladu, mého bývalého kolegu z TU Delft, který se proslavil publikací srovnávacích výstav Le Corbusier kontra Loos, uveřejněných i v Čechách. Zdá se mi to dobrým příkladem aplikovaného výzkumu propojeného s výukou. Bohužel zjišťuji, že většina kolegů není schopna jeho výklad v angličtině sledovat. Metoda „holandských nápadů" v tomto případě nefunguje.
Většina českých architektů považuje architektonický výzkum za podivný výmysl, protože se domnívá, že architektonická tvorba je de facto permanentním výzkumem. Do určité míry mají svou pravdu, navíc potvrzenou zřízením tzv. RUV...
Podíváme-li se ale za hranice české kotliny, pak všechny architektonické školy slušné pověsti mají od posledních desetiletí minulého století formulovány vlastní výzkumné cíle a uvolňují prostředky na jejich dosažení. I na setkáních EAAE je téma architektonického výzkumu součástí diskutované agendy. Navíc velké světové architektonické kanceláře mají dnes svá výzkumná oddělení a se školami úzce spolupracují. Není náhodou, že superaktivní Rem Koolhaas otevírá vedle OMA také AMO ve spolupráci s Harvard School of Design.
Teprve během mého druhého děkanského období, za pomoci profesora Matúše Dully, se daří téma výzkumu zpřehlednit. Výrazným impulzem je

grants. The exception was the Industrial Heritage Research Centre (VCPD) headed by Benjamin Fragner, mapping Czech industrial landmarks and regularly publishing its results.
Indirectly, I also learned about the extant form of PhD studies and tried to ascertain the precise rules and conditions. Here, the crucial point is the choice of the research themes. My idea was to influence their choice – to me, it seemed the work on a topic like "Cemetery Traditions in Greece" did not help much with strengthening the faculty. I brought in Max Risselada, my former colleague from the TU Delft, who made his reputation through the publication of the comparative exhibition "Le Corbusier contra Loos", also released in Czech. To me, it seemed a worthwhile example of applied research connected with teaching. Unfortunately, as it happened, most of my colleagues were not able to follow his lecture in English. One instance where the method of "Dutch inspiration" did not work.
Most Czech architects, in fact, view architectural research as a bizarre invention, believing that architectonic creation is by definition ongoing research. To an extent they are right, moreover confirmed through the institution of the RUV...
Yet if we look beyond the Czech borders, we see that all architecture departments of high standing have had, since the 1990s at the latest, formulations of their specific research goals and funding set aside for reaching them. Moreover, the major international architectural offices now have their research divisions and work closely with academic.
It is no accident that the super-active Rem Koolhaas has opened alongside his studio OMA a research branch, AMO, cooperating with the Harvard School of Design.
Only during my second term as dean, with the aid of Professor Matúš Dulla, was I able

iniciativa nového pražského starosty Tomáše Hudečka v roce 2012. Snaží se během své krátké kariéry propojit politiku s radikálním přepracováním Územního plánu města a chápe, že mu v tom může pomoci Fakulta architektury. Vytváříme na toto téma pracovní skupinu a ukazuje se nutnost dát fakultnímu výzkumu pevnou formu. Zakládáme Výzkumné centrum Fakulty architektury a prvním zadáním je obsáhlý program „Metodika územního plánu" v Praze. Paralelně vzniká pražský IPR, jehož osud mají v rukou další kolegové učící na fakultě, především Roman Koucký.

Podílím se osobně na doktorandském studiu a hledám výzkumná témata, která souvisejí s prací ústavu anebo mě osobně zajímají. Za jednu z nejlepších lze označit práci Yvette Vašourkové, která se věnuje tématu „Pražské městské paláce". Výborně zpracovává téma udržitelnosti Martin Čeněk v disertační práci „Dům v domě". Abstraktní téma „Kontinuálního prostoru", které mě osobně velmi zajímalo, protože úzce souvisí s nizozemským pojetím této kategorie, se dostává do rukou syrsko-české studentky Laily Sabsabi, která mě překvapuje svou výbornou úrovní předchozího vzdělání z Univerzity v Damašku.

Na rozdíl od mnoha kolegů architektů věřím, že systematický výzkum v oboru architektury má svůj smysl, ale k úrovni srovnatelné s jinými obory nás ještě čeká dlouhá cesta.

to clarify the research question. A significant impulse was the initiative of the new Prague mayor, Tomáš Hudeček, in 2012. He worked during his brief term in office on connecting municipal policy to a radical reworking of the city development plan and knew immediately that the Faculty of Architecture could help. We set up a working group on the topic, yet it became clear how vital it was to grant faculty research a definitive form. In response, we found the Research Centre of the Faculty of Architecture, where the first assignment is the extensive program "Methodology for the City Plan" of Prague. In parallel, the City of Prague set up its own Institute of Planning and Development [IPR], under the guidance of other colleagues teaching at the FA, most notably Roman Koucký.

I took a personal interest in PhD studies and looked for research topics that were connected to the work of the department or interested me personally. One of the best I encountered was the dissertation of Yvette Vašourková on the topic of Prague's urban palaces. An excellent treatment of sustainability was offered by Martin Čeněk in his work "House in a House". The abstract theme "Continual Space", which I personally found interesting for its close links to the Dutch understanding of this category, was addressed by the Syrian-Czech student Laila Sabsabi, who pleasantly surprised me with the excellent education she had previously received at the University of Damascus.

In contrast to many of my architectural colleagues, I am convinced that systematic research in the architectonic field is meaningful, but to gain a level comparable to other academic fields is still a long way off.

1

2

3

1–2 Winy Maas (MVRDV) při přednášce v Betlémské kapli v Praze (2014)
Winy Maas (MVRDV) lecturing in the Bethlehem Chapel in Prague (2014)

3 Publikum během přednášek zahraničních architektů na Fakultě architektury ČVUT v Praze
The audience during lectures by international architects, Faculty of Architecture, ČVUT in Prague

Škola ve světě
The University in the World

Od doby „sametové" se české univerzity stále více otevírají světu a snaží se přiblížit světovým standardům. ČVUT se o to pokouší systematicky, byť z mnoha objektivních důvodů zůstává v mezinárodních žebříčcích na nízkých místech. Anglosaský systém hodnocení je neúprosný a často frustrující. Přijetí Boloňské deklarace celou univerzitu významně změnilo, rozdělení do dvou stupňů se relativně vžilo.
Působení Fakulty architektury se tedy neomezuje jen na českou kotlinu, byť to tak často vypadá. Česká architektura měla vždy silný lokální charakter, spojený s českou krajinou a daný i celou historií země. Ve vrcholných obdobích však byla vždy blízko evropské špičce. Nesporně v době předválečné (1918–1938), kdy se funkcionalistický styl stal důležitým rysem národní samostatnosti po rozpadu Rakouska-Uherska. Přední architekti v té době měli kontakt dokonce světovou se špičkou (viz kongresy CIAMu), a to přímo i nepřímo. Období „reálného socialismu" a dlouhodobá izolace země však vykonaly své. Mimo jiné tato doba viditelně deformovala i architektonické školství, jak se snažím vysvětlit v začátku svých vzpomínek. Není jednoduché vystopovat všechny důsledky této odloučenosti.
Můj předchůdce Vladimír Šlapeta je příkladem historika, který s důsledky

Since November 1989, Czech universities have continued to open their scope to the wider world and match international standards. The ČVUT has been working in this direction systematically, though for many objective reasons it still ranks relatively low on international scales. The Anglo-Saxon grading system is relentless and often frustrating. Implementation of the EU's Bologna Declaration has additionally changed the university greatly; in relative terms, the division into two levels (bachelors' and masters') has become an accepted fact. However much it may seem so, the activity of the Faculty of Architecture is not limited to the Bohemian basin. True, Czech architecture has always had a strong local character, shaped by the landscape and formed by national history. Yet at its culminating moments it has always ranked close to Europe's prime, undoubtedly most so in the interwar years (1918–1938), when the Functionalist style formed a key trait of national self-definition after independence from Austro-Hungarian rule. The leading Czech architects of the era had strong contacts with the world's elite (viz. the CIAM congresses), both directly and indirectly. Yet the era of "really existing socialism" and the long years of isolation did much damage, including the visible deformation of architectural education, as these memoirs have tried to make clear. And it is hardly

izolace vždy zápasil a usilovně hledal místečko pro českou architekturu, když ne úplně na vrcholu, tak alespoň oprávněně někde vpředu „pelotonu".
Můj příchod do školy v roce 2006 proběhl v době, kdy už porevoluční okouzlení ze styku s cizinou evidentně opadlo. Šlapetovi se podařilo navázat styky s mnoha školami v Evropě, což vedlo k široké škále kontaktů v rámci programu ERASMUS. Sledoval jsem, jak tato rutina funguje, a s překvapením jsem zjistil, že moji předchůdci se pravidelně zúčastňovali setkání evropských škol architektury v Chanii na Krétě. Zapomněli mě však o něm informovat, takže jsem o jeho existenci dozvěděl až později z vlastních zdrojů.
V roce 2008 jsem se poprvé tohoto setkání zúčastnil a zjistil, že se jedná o setkání režírované malou skupinou „dobrých přátel" z elitních evropských škol. Organizace probíhala pod hlavičkou Nadace EAAE zapsané v Belgii, na KU Leuven byl umístěn sekretariát, letní termín v Řecku byl zavedenou zvyklostí a přímá organizace byla v rukou manželského páru Marie a Constantina Spiridonidisových ze Soluňské univerzity. Setkání bylo velmi zajímavé, byly probírány aktuální problémy vzdělání architektů, byl zde evidentní překryv s ACE, profesní organizací architektů na evropské úrovni. Podobně tomu bylo i v dalších letech, kdy jsem s sebou bral i další pedagogy z fakulty, a to až do momentu velkého vnitřního konfliktu v uzavřené a jinak velmi přátelské organizaci Nadace. Tehdy jsem byl Pierrem von Meissem požádán, zda bych se nechtěl stát členem vedoucího výboru (Council) pod vedením profesora Karla Otto Ellefsena z Osla. V roce 2012 jsem byl na rozhodující schůzi

simple to trace all the consequences of this exclusion.
My predecessor in the office, Vladimír Šlapeta, is one example of an architectural historian who always struggled against the effects of this isolation and put great effort into finding a place for Czech architecture, if not at the very top, at least somewhere in the justifiable middle.
My arrival at the university in 2006 came at a time when the first post-revolutionary enchantment with the world abroad was clearly beginning to wane. Šlapeta had established relationships with many architecture programs across Europe, leading to a wide portfolio of contacts within the EU exchange program ERASMUS. I observed how this process operates and found to my surprise that my predecessors in the post had regularly taken part in the meeting of European architectural schools EAAE at Chania on Crete. Somehow, they forgot to inform me of it, so I only learned about these meetings later from my own sources.
In 2008, I joined the meeting for the first time, learning that it was a meeting of a small, curated group of "good friends" from Europe's architectural educational institutions. Organisation was arranged by the EAAE Foundation registered in Belgium, the KU Leuven hosted its secretariat, while the summer date in Greece was a longstanding custom organised by Marie and Constantin Spiridonidis, a married couple teaching at the University of Thessaloniki. The meeting itself was extremely interesting, with discussions of the most pressing problems in architectural training, showing evident overlaps with ACE, the professional organisation of architects on the European level. The same was true in the following years, during which I invited other instructors from the faculty to join me, up until the

v Lovani zvolen a po další tři roky jsem se při mnoha schůzích Councilu snažil napomoci uklidnění a pokračování záslužné činnosti EAAE. V Miláně 2015 jsem pak při volbách navrhl za svého nástupce v Councilu Dalibora Hlaváčka, který funkci úspěšně vykonává dodnes.
Zahraniční styky školy ale probíhají v mnoha dalších směrech. Vedle pravidelné výměny studentů v programu ERASMUS, který považuji za jeden z nejúspěšnějších programů Evropské unie vůbec, je důležitá účast zahraničních architektů přímo ve výuce. Nejúčinnější je v tom směru minimálně semestrální angažmá, což je sice pro obě strany velmi složité, ale má skutečný efekt pro školu. Příkladů, které se povedly, mohu uvést celou řadu: Rein Geurtsen z Delftu věnoval obrovskou energii cyklu přednášek Evropský urbanismus z nizozemské perspektivy a tu pak zpracoval do samostatné dvojjazyčné publikace. Juliette Bekkering společně s Michielem Riedijkem se zúčastnili ateliérové výuky a s velkým úspěchem jeden semestr úzce spolupracovali s mým ateliérem. Pierre von Meiss z Lausanne pobýval v Praze souvisle půl roku a pomáhal s vyjasněním metodiky ve výuce ZANu. Součástí jeho angažmá byla i práce na českém překladu jeho knihy *Od formy k místu + O tektonice* , za který nutno poděkovat Michaele Brožové.
Zajímavým vývojem prošly oblíbené přednášky zahraničních architektů a designérů, se kterými jsem začal hned po svém nástupu už dříve popsaným cyklem Dutch Ladies.
Po něm následovaly různé další tematické cykly: Builders/Thinkers, Ecology, Best of British, France Future. U příležitosti tematicky zaměřeného Forum

moment of the fierce internal conflict in the tight-knit and otherwise quite friendly Foundation. It was then that I was asked by Pierre von Meiss if I would like to join the organisation's council, headed by Professor Karl Otto Ellefsen from Oslo. In 2012, I was elected to the post at the decisive meeting in Leuven and over the next three years strove at many meetings of the council to quite the ill-feelings and continue with the beneficial work of the EAAE. By the elections in Milan in 2015, I proposed as my successor in the council Dalibor Hlaváček, who has successfully held the post up until today.
At the same time, the university's international connections run in many other directions. In addition to the regular student exchanges via ERASMUS, which I regard as one of the most successful efforts of the European Union in general, one important element is the presence of international architects directly within instruction. Most effective in this area is a minimum engagement of an entire semester, which though complicated for both parties has a real and visible effect for the school. An entire list of successful instances could be enumerated: Rein Geurtsen from Delft put great energy into his lecture cycle on European urban planning from the Dutch perspective and then worked it up into an entire bilingual publication. Juliette Bekkering and Michiel Riedijk participated in atelier instruction and worked closely with my own studio with great results. Pierre von Meiss from Lausanne spent half a year continually in Prague and aided with clarification of the methodology in the introductory design program ZAN. Another part of his engagement was assisting with the Czech translation of his book *Elements of Architecture: From Form to Place + Tectonics*, for which credit is due to Michaela Brožová.

2000 jsme mimo jiných pozvali v roce 2010 držitele Pritzkerovy ceny Fumihika Makiho, Juhani Pallasmau a Güntera Behnische, kteří zcela zaplnili Betlémskou kapli. Když jsem pak končil druhý děkanský termín souborem akcí, dovolil jsem si ji dát symbolický název Dutch Footprint, ve kterém vystoupila řada mých nizozemských přátel, mezi nimiž vynikl svou přednáškou sympatický Winy Maas z MVRDV.
Ve vazbě na tuto řadu jsme od roku 2015 navázali pravidelnou spolupráci s německým STO Stiftung pod titulem November Talks, v němž souběžně s dalšími pěti evropskými školami architektury prezentujeme vynikající světové architekty.
Měl-li bych všechny tyto akce shrnout, pak si myslím, že systematickým uváděním zahraničních autorů na fakultě jsem hodně pomohl dnešní velmi otevřené atmosféře v mladé architektské komunitě, která si samozřejmě hledá své vlastní nové formy.

Much heartening development occurred as well in the popular lecture series of international architects and designers, which I put in motion immediately after my election with the previously discussed cycle "Dutch Ladies". It was followed by a variety of other thematic cycles: Builders/Thinkers, Ecology, Best of British, France Future. To mark the thematically focused Forum 2000, we invited among others the Pritzker Award recipient Fumihiko Maki, Juhani Pallasmaa and Günter Behnisch, whose lectures filled the Bethlehem Chapel to overflowing. And when I arranged a series of events to mark the end of my second term as dean, I allowed myself the symbolic title "Dutch Footprint", involving many of my friends from the Netherlands, most notably the popular lecture of the charming Winy Maas from MVRDV.
In connection with this series, we started in 2015 an ongoing collaboration with the German STO Stiftung entitled "November Talks", in which we along with five other European architectural programs present the profession's most exceptional individuals.
If I were to summarise all these undertakings, I would conclude that my systematic introduction of international architects to the Faculty greatly assisted with today's highly open atmosphere in the young architectural community, which is of course searching for its own new forms.

1

2

3

4

1 Po přednášce Fumihika Makiho v Nosticově paláci (Forum, 2010)
After the lecture by Fumihiko Maki in the Nostic Palace (Forum, 2010)

2 Farshid Moussavi při přednášce v Betlémské kapli (November Talks, 2017)
Farshid Moussavi lecturing in the Bethlehem Chapel (November Talks, 2017)

3 Pierre von Meiss s Michaelou Brožovou při předání diplomu „visiting professor ČVUT"
Pierre von Meiss with Michaela Brožová, issuing of the diploma "ČVUT visiting professor"

4 Bjarne Mastenbroek při přednášce v rámci Dutch Footprint (2013)
Bjarne Mastenbroek lecturing as part of "Dutch Footprint" (2013)

Instalace v hale Fakulty architektury ČVUT
při cyklu Dutch Footprint (2014)
Installation in the main hall of the Faculty of Architecture, ČVUT
during the cycle "Dutch Footprint" (2014)

Ohlédnutí
Looking Backward

Za dobu mého vedení fakulty se škola dost radikálně změnila; můj podíl na změnách ať posoudí jiní. Ale změnila se i „má vlast". Posuny, ke kterým došlo jednak po prezidentské volbě v roce 2013 a po parlamentních volbách v roce 2015, jsou podstatné a chtě nechtě mají vliv i na poměrně ohraničenou oblast působnosti fakulty.
Počáteční opojení z porážky „reálného socialismu" a následující léta bezmocnosti velké části veřejnosti z „divoké privatizace" se promítly do ovzduší let po začátku milénia až po dnešek. Pro všední den dnešní české reality je charakteristická polarita dvou nesmiřitelných táborů: zjednodušeně řečeno „liberálního", reprezentovaného opoziční menšinou, a „zemanovsko-babišovské" většiny, podporované neo-komunisty, kterou lze charakterizovat odporem k Evropské unii, přijímání uprchlíků, nenávistnými kampaněmi vůči dědictví Václava Havla, odporem k alternativním energiím a ekologii obecně. Historické rozdělení na „pravici" a „levici" je dávno překonáno, jedná se spíš o jasné zastánce liberální demokracie na jedné straně a na druhé straně těch, které forma vlády nezajímá, jen když mají vlastní klid a „funguje to".
Několikrát do roka, nejen během předvolebních kampaní, stojí tyto tábory, podporované různými médii čelem

In my time as dean of the faculty, the institution underwent quite radical changes; my share in them is left for others to judge. But equal changes have swept through the land I call my home. The shifts in public life following both the presidential election of 2013 and the parliamentary election of 2015 are deep indeed and, like it or not, have an influence even on the relatively well-insulated area of academic life.
The initial intoxication with the defeat of "really existing socialism", followed by the powerlessness faced by much of the public during the "wild privatisation", find their reflection in the atmosphere of the period from the start of the millennium up to today. For quotidian Czech life at present, there persists a sharp polarisation into two irreconcilable camps: put simplistically, the "liberal" oppositional minority and the wider public favouring President Miloš Zeman and Prime Minister Andrej Babiš, supported by the revived Communists, marked by opposition to the European Union and refugee acceptance, hate-campaigns against the legacy of Václav Havel, rejection of alternative energy and environmentalism in general. The historic division between "right" and "left" has long ceased to apply – now the division is more between the clear supporters of liberal democracy on one side and, on the other, those who take no interest in their form of government, only that they be left alone and "things work".

proti sobě. Nadpoloviční část národa, která přežívala v tichosti léta husákovské normalizace, odmítá další změny a předává tuto pasivitu i další generaci. V čem se to promítá do architektské sféry? Náš komplexní obor, zaměřený na prostorová rozhodnutí v nejširším slova smyslu, byl po sametové revoluci zbaven dusící institucionální kontroly a zvítězila v něm soukromá iniciativa. Tam, kde rozhodnutí ve větších měřítkách byla provázána s rozhodnutími o infrastruktuře, bylo nutno postupně vybudovat nová pravidla. Každodenně sledujeme, že tato pravidla jsou permanentně pod tlakem reálných situací. Příkladem mohou být postupné změny ve vyvlastňování pozemků při realizaci dálnic a jiných liniových staveb. Nejsložitější je ale situace v městském plánování, kde doposud nebyly vytvořeny dostatečně flexibilní nástroje k realizaci stavební politiky, nejviditelněji v oblasti bytového hospodářství.

Trvá tedy už třicet let, kdy chybí právní jistota těm, kdo se mají na dalším rozvoji měst nejvýrazněji podílet. Trvající strukturální chaos je nejlépe vidět na rozsáhlých rozvojových územích ve velkých městech, která byla zcela nezodpovědně rozprodána soukromým subjektům, aniž byla města schopna definovat své záměry v těchto územích. Z pozice Fakulty architektury jsme se snažili řešení napomoci. Tím, že jsme hledali přímý kontakt s developery. Tím, že na škole probíhaly „Inventury urbanismu" a byly zpracovány některé výzkumné úkoly, které měly napomoci řešení. Charakteristické bylo, že na našich konferencích se objevovali jen kolegové architekti a velmi málo komunálních politiků, o těch celostátních ani nemluvě. Chyběla vůle většiny politic-

Several times per year, not only during election campaigns, these two camps, supported by various news media, face off against each other. Over half of the nation, those who spent the "normalisation" years with their heads down, reject further change and hand this passivity on to the next generations.

How is this reflected in the architectural sphere? Our wider profession, focusing on spatial decisions in the widest possible sense, was freed after 1989 from stifling institutional control and private initiatives allowed to flourish. Wherever decisions on a larger scale were linked with decisions about infrastructure, it was necessary gradually to compile new rules. At every moment, we can observe how these rules are under unceasing pressure from actual situations. One instance could be the successive changes in eminent domain for realising motorways and other linear structures. Still more complicated, though, is the situation in city planning, where there are still no tools sufficiently flexible for realising public building policy, a lack most evident in housing production.

In short, it has now been thirty years of legal uncertainty facing those who should have the greatest share in our cities' further growth. The persistent structural chaos is most clearly exposed in the extensive development zones in the largest cities, which were irresponsibly sold off to private subjects while the cities themselves remained unable to define their own plans for these areas.

From our position at the Faculty of Architecture, we have tried to help where we can. By making direct contact with developers. By holding at our institution the forum "Inventory of Urbanism" and preparing research projects that could be useful. Yet

kých stran se prostorovou problematikou vůbec zabývat.
A architekti nemohou žít bez reálných zakázek. Zakázky rozdávají developeři, kteří se chovají striktně jen dle tržního mechanismu. Takže prakticky orientovaná ateliérová výuka tento stav kopíruje a nepouští se do dlouhodobých složitých témat.
Tento stav vidím jako rezignaci akademické obce na roli „myšlenkového trustu", který by systematicky hledal budoucí řešení. Propojení architektonické praxe se školním výzkumem, tak jak vzniklo ve většině západoevropských zemí, zůstává tedy spíše zbožným přáním, nikoliv realitou. Na tom nemohou mnoho změnit ani přednášky těch nejlepších autorů západoevropských příkladů.
I po třiceti letech jsme svědky velkého chaosu ve veřejném prostoru a zjednodušeně možno říci, že DNA většiny českých architektů tomu napomáhá. Několik pozitivních výjimek, kdy se architekti pokoušejí nastoupit obtížnou „long way through the institutions", na tom nic nemění. Dále jsou ničena pole kolem měst stavbami neforemných hal a shopping-malls, sídelní kaše se dále rozlévá do krajiny, tak jak to kritizoval před lety Václav Havel. Současný mentální obrázek „mé vlasti" tedy rozhodně není „zemský ráj to na pohled..."

it is worth noting that our conferences are attended only by our fellow architects and very few municipal politicians, not to speak of those on the national level. Most political parties lack the will even to think about spatial problematics.
And architects cannot live without real commissions. Work is assigned by private developers operating by strictly market mechanisms. Hence the practically oriented atelier training copies this state of affairs and avoids engagement with long-term, complex themes.
In this situation, I see a reluctance of the academic community to assume the role of a "brains trust" that would systematically work towards future solutions. Connecting architectural practice with university research, as is the practice in most Western European countries, remains more of a wish than a reality. Nor can the condition be changed even with lectures from the authors of the best Western European examples.
For thirty years now, we bear witness to an enormous disorder in the public space, and with only small exaggeration can say that the DNA of most Czech architects helps keep it so. Those few positive exceptions where architects started the difficult "long march through the institutions" have brought no change. More and more, the fields around the cities are destroyed by formless warehouses and shopping malls, urban sprawl continues to flood into the countryside just as Václav Havel long criticised. The present mental image of the Czech homeland is clearly not, to cite the words of the national anthem, "earthly paradise to view".

Jmenování emeritním profesorem ČVUT (2021)
Appointment as emeritus professor, ČVUT (2021)

Na odpočinek?
Retirement?

Po dvou děkanských termínech je řada na mladších. Těžko se hledá někdo, kdo stojí pevně v obou světech – profesním i akademickém. Po dramatické přípravě další volby na podzim 2013 se nakonec funkce ujímá Ladislav Lábus, který tento požadavek určitě splňuje. Začíná trochu ztuha, ale časem je ve funkci jako doma. Nachází svůj vlastní styl a viditelně ho práce baví.
Jsem rád, že v mnoha směrech pokračuje v tom, co jsem začal. Navíc mě ještě žádá, abych ho podpořil v prvním termínu jako proděkan pro zahraničí, s čímž rád souhlasím. Dohromady to tedy znamená dvanáct let „úřadování"!
Po roce 2018 se už neangažuji v dalších administrativních povinnostech, a to mi dovoluje jednak lépe sledovat práci „mých doktorandů", jednak se mohu více věnovat vedení ateliéru s novými pomocníky M. Ščudlou, M. Zdebskou a R. Jelínkem. Zejména s posledním z nich ateliér ožívá, vymýšlíme zajímavá zadání a studenty to viditelně baví. Po dlouhé době mi to umožňuje konečně i vzít do rukou tužku a papír a pracovat na soutěžích jako Albertov a především s Robertem na nové formě Vítězného náměstí.
Když mi pak vloni volali z České Lípy, zda se nechci podílet na rekonstrukci základní školy, kterou jsme kdysi dávno projektovali s Daliborem Vokáčem

After two terms as dean, it was time for the younger generation. It was, though, hard to find someone with a firm foothold in both worlds, professional and academic. After the dramatic preparation of the next election in autumn 2013, the post was eventually assumed by Ladislav Lábus, who certainly meets the requirement. His start may have been a little uncertain, but with time has made himself at home: he has his own management style and evidently enjoys the work.
I am glad that he is, in many aspects, continuing what I started. Also, he even asked me to help him during his first term by acting as vice-dean for international affairs, to which I readily agreed. Together, a full twelve years of "officiating"!
Since 2018, I have no longer held any further administrative responsibilities, allowing me on one hand more time to follow the work of "my" PhD candidates, and on the other to manage my own studio with my new assistants Miroslav Ščudla, Markéta Zdebská and Robert Jelínek. In particular, the last-named has brought much life to the atelier, creating interesting assignments and visibly inspiring the students. After many long years, I can finally pick up once again pencil and paper and work on competitions like the university building at Albertov and (primarily with Robert) the new form of Vítězné náměstí.

z montovaného skeletu MS72, uvědomil jsem si, jak mi tvůrčí architektská práce chybí. S radostí znovuobjevuji základní školu, která je po čtyřiceti letech sice v ubohém stavu, ale jsou v ní zachovány některé pěkné prostorové prvky z oné podivné doby. Je to zvláštní pocit procházet se projektem, který má člověk uložen někde hluboko v paměti.
Podobně tomu bylo, když jsem v roce 2019 objel některé mé realizované projekty v Nizozemsku, byl jsem příjemně překvapen jejich udržovaným stavem. Staly se malým kaménkem v mozaice úžasné stavební vlny na konci minulého století a na samém začátku nového milénia. Nejsou to ikonické stavby přitahující pozornost publika, spíš stavby hledající genius loci svého okolí a snažící se do něho vnést nový akcent. Nesporně to souvisí s mým vlastním charakterem.
Měl jsem štěstí, že profese, kterou jsem si vybral, mě naplňovala radostí a že jsem se jí v různých formách mohl věnovat víc než šest desetiletí. Pod tlakem technického vývoje se radikálně změnila. Především totální digitalizace práci architekta posunula do úplně jiné polohy. Ale podstata zůstala, podle mého názoru, stejná.
Měl-li bych dnes odpovědět na otázku: „Co je to architektura?", tak bych řekl, že se jedná o vědomou formu lidského chování v prostoru, v níž má architekt neoddiskutovatelný a zásadní vliv. Složitá hra každého jednotlivého projektu dává architektovi příležitost interpretovat vlastní postoj a vlastní představu do hmotné reality. A pocit, kdy se tato vlastní představa přenese z architektovy hlavy na papír a potom se zhmotní do nové skutečnosti, je božský.
Na chviličku jsme „stvořiteli" něčeho nového, neočekávaného!

When I received a call last year from the town of Česká Lípa asking if I would like to assist in the reconstruction of the primary school I designed long ago with Dalibor Vokáč on an assembled MS72 frame, I realised how much I missed creative architectural practice. It was a joy to rediscover the school building, in poor condition after forty years of neglect but still preserving several of the attractive spatial elements of its strange time. It is a strange feeling to walk through a restoration project where you have the design process stored deep in your memory.
It was similar when in 2019 I travelled around several of my realised projects in the Netherlands, but in this case being pleasantly surprised by their good maintenance. I see them as small stones in the vast mosaic of that wonderful construction wave at the end of the last century and the very start of the new millennium. Not as iconic monuments grabbing public attention, more as structures seeking out the *genius loci* of the surroundings and working to bring into them a new accent. Undoubtedly, this must be related somehow to my own personality.
I was lucky that the profession I chose filled me with joy and that I could work in it in various forms for over six decades. Under pressure from technical development, it has radically changed; most importantly, total digitalisation has shifted the architect's work to a completely new position. Yet the essence, as I see it, is the same.
If today I had to answer the question from my entrance exam "What is architecture?" I would now say that it is the conscious form of human behaviour in space, in which the architect has an indisputable and essential influence. The complex interplay of each individual space allows the architect to interpret an individual stance and imagination into physical reality. And the

Na tom technologie projektování ani technologie provádění nic nezmění.

Poslední rok pak začíná mé opravdové „odcházení". Sepsání těchto vzpomínek mi úžasně pomohlo si srovnat někdy překotně se valící zážitky a hromady neutříděných fotografií.
Věřím, že se ještě přede mnou otevírá období klidnějších úvah a možná ještě nějakého dalšího životního dobrodružství...

Zdislava, jaro 2020

feeling when one's own idea moves from the head to paper and then is materialised in a new reality – in all senses of the word, divine.
In this moment, we are the creators of something new, something unexpected!
And neither the technology of design or of realisation changes anything in it.

The past year, in turn, has started my true withdrawal from the scene. Years of active work without any fixed hours are something I have yet to replace with a satisfying, regular rhythm of retirement inactivity.
Writing these recollections has helped wonderfully, ordering the often wildly cumulating experiences and piles of unsorted photographs.
I am convinced that now a period of more calm reflection is to come, and possibly yet another life-adventure...

Zdislava, spring 2020

Epilog
Epilogue

Text „Tří životů" byl dopsán na jaře 2020, v době začínající CORONA krize. Komplikace v následujících měsících zastavily další práce na publikaci téměř na celý rok. Zpoždění na platnosti vzpomínek z předchozích fází života nic nezměnilo, jen mé ohlédnutí nad vlastním životem dostává novou zkušeností celosvětové pandemie úplně odlišnou dimenzi. V tomto ještě neukončeném období (2020–2021) jsou životy nás všech zasaženy nebývalou měrou, nesrovnatelnou s předchozími zkušenostmi...

Když jsem před nedávnem psal krátké pojednání o *udržitelnosti*, zmiňoval jsem se o nutnosti změnit náš životní styl, abychom způsob života přizpůsobili přirozeným limitům naší planety. Samozřejmě jsem netušil, že něco podobného jako nekontrolované šíření nové virové nákazy nás může donutit změnit naše zvyklosti ze dne na den. Rok 2020 nepochybně zůstane milníkem ve schopnosti dnešní společnosti vyrovnat se s neočekávanou událostí globálního rozměru.
Všechny slabiny i silné stránky současného modelu liberální demokracie se objevily během pár měsíců. Na jedné straně schopnost vědecké komunity najít očkovací látku a zorganizovat její masovou produkci. Vedle toho

The text "Three Years" was completed in spring 2020, right at the point when the Coronavirus crisis began.
The complications in the following months halted further work on the publication for nearly an entire year. While the delay has not changed any of the validity of my recollections from earlier phases of my life, my reflections on my life's wider course have assumed, following the experience of a global pandemic, a completely different dimension. In this still-unfinished period (2020-21), the lives of all of us have been affected to an unimaginable extent, something that none of us could compare with anything experienced before...

When not so long ago, I wrote briefly about *sustainability*, I mentioned the necessity of changes in our lifestyle so that our daily lives could be adapted to the natural limitations of our planet. Hardly could I have known, of course, that something like the uncontrolled spread of a new viral infection would force us to alter our habits literally from one day to the next. Without question, the year 2020 will remain a milestone in the power of today's society to deal with unexpected events of global scope.
All the weaknesses, along with all the strengths, of the current model of liberal democracy became evident in only a few months. On one side was the capability of

rychlou reakci ekonomickou, rozprostření nejnutnější záchranné sítě pro podnikatele, jejichž aktivity nezbytně musí přes noc skončit. Na druhé straně chaotickou reakci vlád a autorit, jejichž fungování je založeno na spolupráci s obyvatelstvem, spoléhání na tradiční metody kontroly a nikoliv spontánní společnou záchrannou reakci…

Tlak pandemie výrazně zpomalil rytmus našeho života, v mém vlastním případě došlo navíc k náhodnému souběhu dlouhodobých zdravotních obtíží, postupného snižování pracovního úvazku a vládou nařízených „lock-downů".
Po více než padesáti letech intenzivního pracovního zatížení se tělo i duch musí podobnému zpomalení postupně přizpůsobovat. V hektickém pracovním rytmu nikdy nezbýval čas a energie na kontemplaci, volné chvíle byly často jen přípravou na další intenzivní práci. Zásah vyšší moci, objektivní vnější příčina – šíření koronaviru – pomáhá člověku se s touto podstatnou změnou snadněji smířit. Se zpomalením každodenního rytmu se duch ale smířit nechce a nahrazuje chtě nechtě praktické smysluplné činnosti další aktivitou.

Každodenní styk s univerzitním prostředím v posledních patnácti letech byl pro mne permanentní konfrontací s jinými názory a neočekávanými setkáními.
Každý den byl svým způsobem překvapením!
Prvotní reakce univerzity na pandemii – omezení setkávání a přenos aktivit do „home-office" – výrazně změnila podobu školy. Zároveň s tím téměř okamžité zastavení všech zahraničních aktivit a přesun kontaktů do virtuálního prostoru.

the scientific community to find vaccines and organise their mass production, along with the rapid response in the economic realm, bringing forth a minimal safety net for entrepreneurs whose activities were forced to shut down overnight. And on the other, the chaotic reaction of governments and public authorities, where the functioning is grounded on cooperation with the public, the reliance on traditional methods of control in place of spontaneous, shared protective responses…

The pressure of the pandemic significantly slowed the rhythm of our lives; in my own case, with the coincident if accidental course of longstanding medical problems, to the gradual reduction of my work activities alongside the government-mandated lockdown.
After over fifty years of the demands of intensive work, both body and spirit must somehow adapt to this reduction of tempo. In the hectic pace of work, there never remained time or energy for contemplation; any free moments were often merely preparation for the necessities of the next period of work. The intervention of a higher power, of an objective external cause – in this case the spread of the coronavirus – can help one's mind to arrive at an easier reconciliation with this far-reaching change. Yet the spirit is less willing to agree to this forced slowdown of everyday life, and wishes to find, willingly or not, a replacement activity for practical and meaningful tasks.

My daily interactions with the university environment in the past fifteen years were, personally, a permanent confrontation with differing opinions and a source of unexpected encounters.
Every day was its own sort of surprise!
The university's initial reaction to the

Fakulta architektury, která by z definice měla být jakousi vířící živou dílnou, se proměnila během posledního půlroku v opuštěnou prázdnou studenou schránku.
Nová neočekávaná situace je vedle mnoha omezení zároveň velkou výzvou: Je třeba přemýšlet nad každým novým krokem a hledat úplně neotřelá řešení. Jak řešit bezkontaktně přenos znalostí a zručností? Jak uvést začínající studenty do univerzitního prostředí? Přímý kontakt se studenty je minimální, virtuální konzultace postrádá intenzitu a barvu skutečného setkání. Chybí fyzické výstavy, které vždy přinášejí intenzívní konfrontaci a mají neviditelný vliv na formování ateliérové výuky. Chybějí náhodná setkání...
Děkujme internetu, nebýt slušného stupně digitalizace, byli bychom jen uzavřeni ve svých „bublinách", takto jsme schopni udržovat spojení s rodinami i přáteli.
Objevují se nové formy virtuálních schůzí, které mají své přednosti oproti tradičnímu bezbřehému schůzování. Virtuální schůze jsou sice efektivnější, ale mnohem opatrnější, chybí jim spontánní energie setkání, ve kterých se řeší konfliktní situace. Budeme odsouzeni k životu ve virtuálním prostoru...?

Od samého začátku pandemie jsme s mou ženou zvolili dobrovolnou izolaci v domě na samotě v západní části lesů Ještědského hřbetu. Fyzická přítomnost ve městě je nutná jen občas.
Při pobytu v přírodě začne člověk během každodenních procházek intenzívně sledovat své bezprostřední okolí jinak než během krátkých víkendových návštěv. Rytmus přírody má své pomalé, ale neúprosně dané tempo. Střídání

pandemic – limiting personal meetings and shifting activities to the "home-office" level – greatly changed the form of the school. At the same time, all international activities were suddenly halted and contacts moved to the virtual realm.

The Faculty of Architecture, which should by definition form a kind of whirling, lively workshop, in a few months was transformed into a deserted, empty, cold shell.
The new, unexpected situation, though, is not only one of limitations but equally an enormous challenge: we have to think about each new step and find a completely original solution. How to ensure the contactless transfer of knowledge and skills? How to introduce entering students to the university environment? Direct contact with our students is minimal; virtual consultations lack the intensity and colour of meetings in reality. And sorely missed are the physical exhibitions, which always form an intensive confrontation and have a deep influence on the shaping of atelier training. Or the chance encounters...
We can be thankful for the internet; were it not for our high level of digitalisation, we would be merely caught in our immediate bubbles, yet now we can at least keep up contacts with family and friends.
New forms are emerging of virtual meetings, which do have their advantages over the traditional endless academic discussions. Yet while virtual meetings may be more effective, they are much more careful; they lack the spontaneous energy of physical spaces where conflicts are addressed immediately. Will we be condemned to life in cyberspace...?

From the very start of the pandemic, my wife and I have chosen voluntary isolation in our

ročních období se promítá do všech součástí okolní krajiny a proměnu každodenního panoramatu krajiny Českého středohoří sleduje člověk s úžasem jako kontinuální představení. Celoroční změny lze ale pozorovat i v úplném detailu vlastní zahrady a bezprostředního okolí domu.
Žijeme sice v kulturní, to jest upravené krajině, ale kolem nás se odehrává každý den drama divoké přírody. Ptactvo i lesní zvěř reagují ve stejném prostoru jako my, ale podle vlastních pravidel...

Zbývá čas na čtení, na knížky odložené „na později". Zjišťuji, že po sepsání vlastních vzpomínek jsem mnohem citlivější k psaným vzpomínkám jiných. Celkem náhodně se mi dostává do rukou knížka vzpomínek Vladimíra Nabokova *Promluv, paměti*. Jeho vzpomínky na dětství a dospívání v předrevolučním Rusku jsou uchvacujícím a přesným popisem zapomenutých detailů, chutí, nálad a barev. Pracuje technikou vyprávění připomínající malbu, jemné odstíny barev a způsob osvětlení dokáží zachytit jedinečný prchavý moment. Klid, který ze starých vzpomínek vyzařuje, je charakteristický pro 19. století. Úžasné období začínajících velkých technických změn, akceptovaných tradičně rozvrstvenou společností. Nikdo tehdy ještě netušil blízkost masových hnutí století 20.

Nabokov je pro mě „pan spisovatel", který dokáže několika větami vyvolat neopakovatelné minulé atmosféry a probouzí tím ve čtenáři vlastní zasunuté zážitky, často založené na dnes už zapomenuté vůni, chuti, zvuku anebo doteku.

house in the countryside, on the western edge of the forests of the Ještěd ridge. Physical presence in the city is necessary only rarely.
With longer time spent in a natural setting, the eye begins to observe the immediate surroundings far more intensively than during brief weekend visits. On the daily walks, it becomes clear that the rhythm of nature has its slow yet inexorable pace. The passing of the seasons is reflected in all parts of the surrounding landscape, and the daily changes in the panorama of the Central Bohemian hills form a captivating spectacle, an unceasing performance. No less, the changes of the year can be watched even on the smallest scale of the garden and the surroundings of the house.
We live in a cultivated landscape, one touched by human hands, yet around us every day the drama of untamed nature is played out. The birds and the forest beasts react in the same space where we are but following their own rules...

And there is time now for reading, for the books we "set aside for later". As I found, after writing my own recollections I am far more responsive to the memoirs written by others. Quite by chance, I came across Vladimir Nabokov's *Speak, Memory:* his recollections of childhood and youth in pre-revolutionary Russia are a spellbinding yet unbelievably precise description of forgotten details, tastes, moods, colours. His technique for narration almost resembles that of painting; delicate shades of colour and choices of lighting capture a unique ephemeral moment. The calm that radiates from these old recollections is deeply characteristic of the 19th century. An amazing period where great technological changes were just coming about, yet being taken up

Zpátky k realitě!

Chceme dnes věřit tomu, že se dostáváme do posledního období koronavirové pandemie. Jen ještě naočkovat pár miliónů lidí a pomoci tisícům těch, kteří s nemocí už byli hospitalizováni…
Celá kampaň je evidentně poznamenána neschopností organizovat, dodržovat dohodnutá pravidla a podřídit se nezbytné disciplíně na jedné straně.
Na druhé straně nezištností a schopností se obětovat u mnoha z těch, kteří musí poskytnout pomoc nemocným a pandemii řešit…

Kritické chvíle nás ještě zřejmě čekají, skutečnou výdrž a „třetí dech" budeme ještě muset prokázat každý z nás.

leden 2021

by a very traditional, hierarchical society. No one could then sense how close the mass movements of the next century would be…

Nabokov is for me an "Author" with a capital A, able to use a few sentences to bring forth an unrepeatable past atmosphere, and thus awaken in the readers their own half-buried experiences, often themselves based on a now-forgotten scent, taste, sound, or touch.

Back to reality!

I would very much like to believe that we are now entering the last phase of the coronavirus pandemic. Only to inoculate a few million people and provide hel to those thousands who have already been hospitalised with the disease…
Without question, the whole campaign is marred by an inability to organise, to follow the agreed rules and to adhere to necessary discipline on one side.
Yet on the other, we cannot forget the selflessness and the ability to sacrifice among so many who have had to provide care for the aid and deal with public matters…

Critical moments still remain to face us; true endurance and a "third wind" are something that everyone will still have to display.

January 2021

Literatura a zdroje
Bibliography

Architectengemeenschap van den Broek en Bakema, *Architektur, Urbanismus*, Karl Krämer, Stuttgart 1976. ISBN 978-3782806121

Edward Mazria, *The Passive Solar Energy Book*, Rodale Press, Emmaus, PA 1979. ISBN 0-87857-237-6

J. B. Bakema, *Thoughts about Architecture*, Academy Editions, London 1981. ISBN 0856707643

Dom Hans van der Laan, *Architectonic Space*, E. J. Brill, Leiden 1983. ISBN 9004069437

Peter Buchanan – Liane Lefaivre – Alexander Tzonis, *Aldo & Hannie van Eyck*, Stichting de Beurs van Berlage, Amsterdam 1989. ISBN 90-800424-1-2

Hans van Dijk – M. Visser (eds.), *Holandský model bydlení v podmínkách tržní ekonomiky*, NAI Publishers, Rotterdam 1992. ISBN 90-72469-38-0

Joris Molenaar, *Leen van der Vlugt*, Wiederhall Architectural Serial 14, Stichting Wiederhall, Amsterdam 1993. ISBN 90-72876-07-5

Rem Koolhaas. Veldwerk, Uitgeverij 010, Rotterdam 1993. ISBN 90-6450-202-3

Rostislav Švácha, *Karel Hubáček*, Středoevropská galerie a nakladatelství, Praha 1996. ISBN 80-901559-8-7

Herman van Bergeijk and Otokar Macel (eds.), *Teksten van Mart Stam*, SUN, Nijemegen 1999. ISBN 9789061 686767

Vincent Ligtelijn, *Aldo van Eyck. Werken* / Uitgeverij Thoth, Bussum 1999. ISBN 90-6868-219-9

Hans Ibelings (ed.), *Van den Broek en Bakema 1948–1988. Architectuur en Stedenbouw*, NAI, Rotterdam 2000. ISBN 90-5662-132-7

Max Risselada – Dirk van den Heuvel, *Team 10 1953–81 in Search of a Utopia of the Present*, NAI, Rotterdam 2005. ISBN 90-5662-471-7

Miroslav Masák, *Tak nějak to bylo*, KANT, Praha 2006. ISBN 80-86970-14-0

Mirko Baum, *Ulice na konci světa / Strasse am Ende der* Welt, AVU – KANT, Praha 2007. ISBN 978-80-86970-51-6

Praagse Lente – Pražské jaro, Revisited 68, Paseka, Litomyšl 2008. ISBN 978-80-7185-930-7

Průmyslový design, Sborník z workshopu průmyslového designu, FA, FS, FD ČVUT, Praha 2008. ISBN 978-80-01-04232-8

3 x 3 Builders / Thinkers, Přednáškový cyklus, FA ČVUT, Praha 2008. ISBN 978-80-01-04294-6

City Development, Review of a workshop, FA ČVUT, Praha 2009. ISBN 978-80-01-04471-1

Michiel Riedijk, *De tekening / The drawing*, Uitgeverij 010 Publishers, Rotterdam 2009. ISBN 978 90 6450 697 0 34

Kresba / The drawing / vydáno FA ČVUT, překlad P. Kalina

Rein Geurtsen, *Historie evropského urbanismu z nizozemské perspektivy*, FA ČVUT, Praha 2009. ISBN 978-80-01-04294-630

Ekologie vs Architektura, Přednáškový cyklus, FA ČVUT, Praha 2010. ISBN 978-80-01-04769-9

Richard Foqué, *Building Knowledge in Architecture* / University Press Antwerp 2010. ISBN 978-90 5487545

Rostislav Švácha (ed.), *Sial*, Arbor vitae, Řevnice 2010. ISBN 978-80-87164-41-9

DUTCH LADIES, konference and design studio workshops / FA ČVUT 2007

Prague Lectures, Visiting professorship / FA ČVUT, Praha 2011. ISBN 978-80-01-05052-1

Vladimír Karfík, *Vzpomínky*, Ateliér IM, Luhačovice 2012. ISBN 978-80-85948-80-6

Best of British, Přednáškový cyklus / FA ČVUT, Praha 2014. ISBN 978-80-01-05687-5

Martin Rajniš – Magdalena Šebestová, *Pětadvacet tisíc dnů vzpomínek*, Argo, Praha 2016. ISBN 978-80-257-1970-1

Pierre von Meiss, *Od formy k místu + O tektonice*, Archa, Praha 2018. ISBN 978-80-87545-61-4

Dirk van den Heuvel (ed.), *Jaap Bakema and the Open Society*, Archis Publishers, Amsterdam 2018. ISBN 9789077966570

Ben Maandag, *Stadsvernieuwing in Rotterdam*, nai 010 uitgevers, Rotterdam 2019. ISBN 978-94-6208-535-0

Petr Volf (ed.), *30 let svobody / 30 Years of Freedom. Rozhovory o architektuře a společnosti*, FA ČVUT – KANT, Praha 2019. ISBN 978-80-7437-302-2

November Talks

Architects of Israel, ČVUT, Praha 2015. ISBN 978-80-01-05930-2

Danish Stars, ČVUT, Praha 2016. ISBN 978-80-01-06139-8

Connections, ČVUT, Praha 2017. ISBN 978-80-01-06389-7

Visions, ČVUT, Praha 2018. ISBN 978-80-01-06586-0

https://www.zzavrel.cz

Ediční poznámka
Pokud není u obrázků nebo skic uveden autor, jedná se o práci Zdeňka Zavřela, u firemních projektů se na práci podíleli další spolupracovníci: SIAL / Stavoprojekt Liberec, ateliér 2, firmy Van den Broek en Bakema, Bakema Zavrel Architecten bv., Atelier Z, Zavrel Architecten bv.
Jména zúčastněných uvádíme v knize bez akademických titulů.

Editorial note
If an architectural image or sketch does not have an author listed. it is the work of Zdeněk Zavřel. For studio projects, the work shares credit with the respective co-creators: SIAL / Stavoprojekt Liberec, atelier 2, Van den Broek en Bakema, Bakema Zavrel Architecten bv., Atelier Z, Zavrel Architecten bv. Names of individuals are presented in this book without their academic titles.

Zdeněk Zavřel

TŘI ŽIVOTY ARCHITEKTA

Three Lives of an Architect

Text / Text by Zdeněk Zavřel
Překlad / Translation by Martin Tharp
Redakce textu / Editing Eva Hrubá
Fotografie / Photographs Pavel Štecha, Milan Pitlach, Helena van der Kraan, Vrijhof Rotterdam, Luchtfoto Mertens, J. Derwig, Jiři Horský, Ivan Němec, Jan Kotek, J. Ryszawy [ČVUT], M. Čeněk, Heleen Arends, T. Svoboda, Zdeněk Zavřel a řada již nedohledatelných autorů / and many others whose names can no longer be found
Grafická úprava a sazba / Graphic design and typesetting Tereza Melenová
Předtisková příprava / Prepress Karel Kerlický – KANT
Tisk / Printed by Tiskárna Protisk, s.r.o.

Vydal Karel Kerlický – KANT, Praha 2021.
Published by Karel Kerlický – KANT, Prague 2021.
ISBN: 978-80-7437-347-3
www.kant-books.cz

Vzpomínky jsou vydány s podporou Fakulty architektury ČVUT

Druhý díl vzpomínek Zdeňka Zavřela, který je vydán současně s touto knihou, se podrobněji věnuje jeho soukromému osudu. Ti, které vyprávění zaujalo, si mohou knihu osobních vzpomínek nazvanou *Takoví jsme byli* objednat na **www.kant-books.cz**.

The second part of the memoirs of Zdeněk Zavřel, published in parallel with the present volume, discusses in greater detail his private life.
Those who found the previous book to their liking can order the second volume of personal recollections, entitled Such we were, at **www.kant-books.cz**.